KÜLTÜR A.Ş.

To Our Dear Friend Eckard,

17. 08. 07

with Love,

[illegible] [illegible]

KÜLTÜR BAŞKENTİ

İSTANBUL

THE CAPITAL OF CULTURES

Tuna Köprülü

KÜLTÜR A.Ş.
İSTANBUL BÜYÜKŞEHİR BELEDİYESİ

İSTANBUL BÜYÜKŞEHİR BELEDİYESİ
İSTANBUL METROPOLITAN MUNICIPALITY

İSTANBUL BÜYÜKŞEHİR BELEDİYESİ KÜLTÜR A.Ş. YAYINLARI
Fulya Mahallesi, Mevlüt Pehlivan Sokak, No: 23, 80280 Gayrettepe / İstanbul
Tel: 0 212 317 77 00, Faks: 0 212 274 58 40, kultursanat@kultursana.org - www.kultursanat.org

KÜLTÜR BAŞKENTİ İSTANBUL
İSTANBUL THE CAPITAL OF CULTURES

İlk basım / First print
Aralık 2006

ISBN
9944-370-18-5

Genel Yayın Yönetmeni / Executive Editor
Nevzat Bayhan

Yayın Danışmanı / Publication Consultant
Prof. Dr. İskender Pala

Kreatif direktör / Creative Director
Şevket Dedelioğlu

Yayın Koordinatörü / Coordinator
Hasan Işık

Tercüme / Translation
Betsy Göksel

Redaksiyon / Proofreading
Yekta Kurtcebe

Fotoğraflar / Photographs
Cemal Emden

Grafik Tasarım / Graphic Design
Sibel İlkin Uçuran
Murat Kaspar

Baskı - Cilt - Renk ayrımı / Printing Process
EUROMAT
0 212 451 70 70

KÜLTÜR A.Ş.
İSTANBUL BÜYÜKŞEHİR BELEDİYESİ

İSTANBUL
METROPOLITAN
MUNICIPALITY
İSTANBUL BÜYÜKŞEHİR BELEDİYESİ

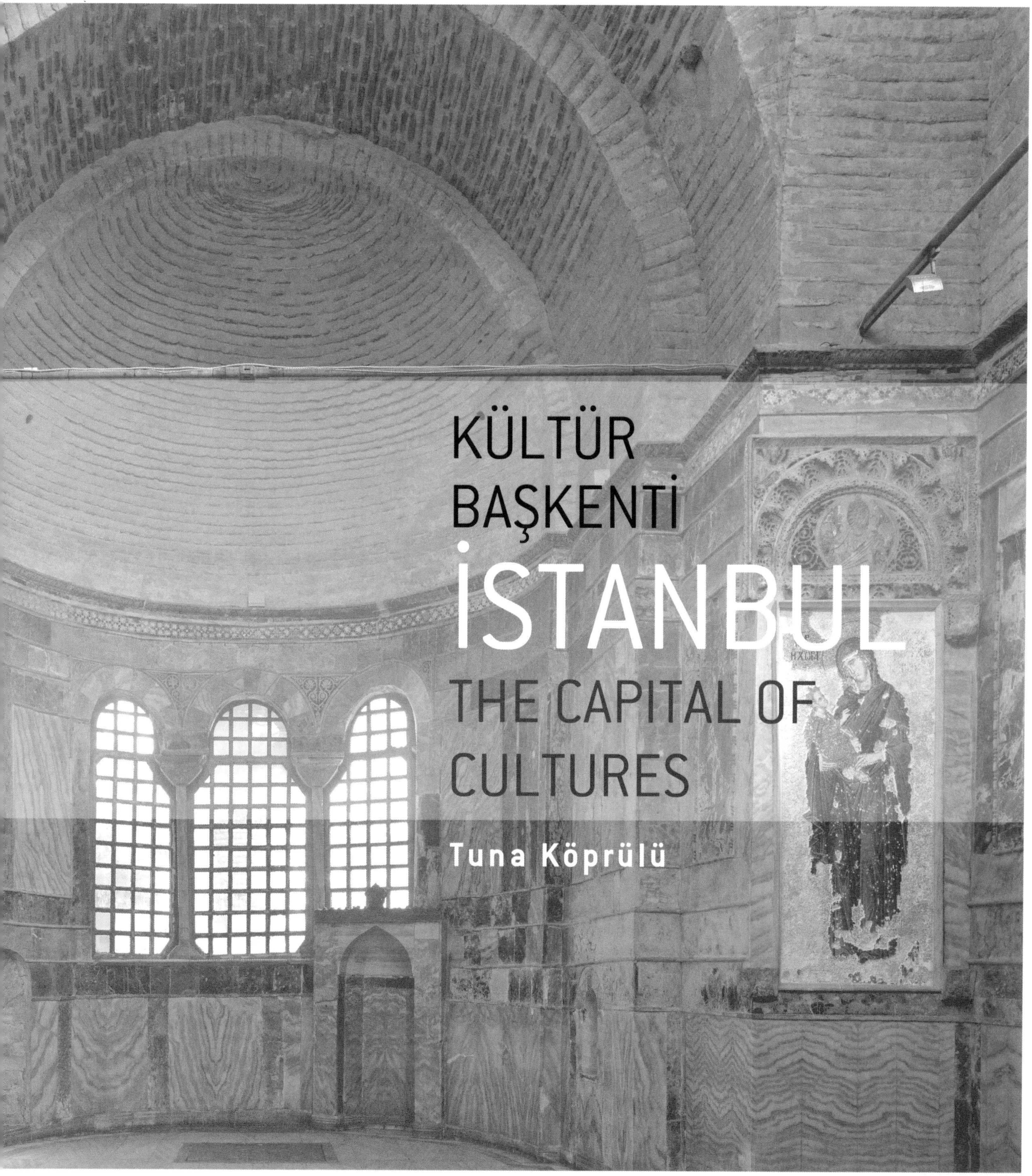

KÜLTÜR BAŞKENTİ İSTANBUL

THE CAPITAL OF CULTURES

Tuna Köprülü

Kültür Başkenti İstanbul

Büyük Türk şairi Yahya Kemal'in "Sade bir semtini sevmek bile bir ömre bedel" diye tanımladığı İstanbul "sırlarla" dolu bir şehirdir. Her adımda sizi üç medeniyetin; Roma, Bizans ve Osmanlı'nın mimari şaheserleri karşılar. Aya Sofya'nın büyülü atmosferi, su kemerlerinin baş döndürücü güzelliği, Kız Kulesi'nin gizemi, Yerebatan Sarnıcı'nın esrarı Roma ve Bizans'ın M.Ö. 627'lere uzanan sırlarla dolu geçmişine götürür sizi. Sultanahmet Camii'nin zarafeti, Kapalıçarşı'nın cıvıl cıvıl coşkusu, Eyüp Sultan'ın derin huzuru, Topkapı Sarayı'nın mütevazı görkemi sizi Osmanlı'nın dünyasıyla buluşturur.

Kısaca İstanbul, dünyanın hiçbir şehrinde bir arada bulamayacağınız eşsiz bir tarihle karşılar sizi, şaşırtır ve büyüler.

Modern dünya için önemli potansiyellere sahip olan İstanbul, tüm dünyaya farklı din, dil, kültürden insanların hep birlikte barış içinde yaşamasının mümkün olduğu mesajını verir. Biz bu mesajı çok önemsiyor ve dünyamızın buna ihtiyacı olduğunu düşünüyoruz. Bu açıdan, Avrupa Parlamentosu tarafından İstanbul'un Avrupa Kültür Başkenti seçilmesinin anlamı ve önemi büyüktür.

Sayın Tuna Köprülü'nün "*Kültür Başkenti İstanbul*" teması çerçevesinde büyük bir özen ve heyecanla hazırladığı bu kitap, İstanbul'da var olmuş, yaşamış ve eser vermiş üç büyük medeniyete ve geçmişe saygının bir ifadesi olarak son derece dikkate değer bir çalışmadır.

Sizleri üç medeniyetin şaheserleri ile baş başa bırakırken, başta Tuna Köprülü olmak üzere, bu esere emeği geçen herkese teşekkür eder tebriklerimi sunarım.

Saygılarımla,

Kadir TOPBAŞ
İstanbul Büyükşehir Belediye Başkanı

İstanbul-The Capital of Cultures

Istanbul, a city full of secret beauties embraces its visitors with historic monuments of Roman, Byzantine and Ottoman era. Such as, St. Sophia with its serene atmosphere, the magnificent Aqueducts, the mystical Tower of Leander, and the fabulous cistern which all date back as early as 627 B.C. of Roman and Byzantine era. On the other hand, the modest splendor of the Topkapi Palace, the elegance of Sultanahmet Mosque, the peaceful appearance of Eyup Sultan's Tomb, the action in the bustling Covered Bazaar are perfect examples of the Ottoman period.

In short, Istanbul is an unmatching cultural capital of 2700 years of history, which offers important potentials and proves that people of different religion, language and culture can survive together in peace. We believe this message is very important and our world deserves it. Therefore, the voting of The European Parliament of Istanbul as "The Capital of Cultures" is of great importance.

This book, appropriately titled Istanbul as "The Capital of Cultures" by Tuna Köprülü, reflects her enthusiasm and great love as well as embraces the history of this great city. I would like to extend my appreciation and congratulations first and foremost to the author, Tuna Köprülü for the remarkable work and to everybody who has contributed to it.

With best regards,

Kadir TOPBAŞ
Mayor of Istanbul

Önsöz

Avrupa Parlamentosu tarafından 2010 Kültür Başkenti seçilen İstanbul, şüphesiz dünyada benzeri olmayan büyüleyici bir şehirdir. 2700 yıllık bir geçmişi olan bu şehir, bünyesinde barındırdığı birbirinden görkemli ve değerli anıtların bulunduğu gerçek bir hazinedir.

Dolayısıyla bunların arasında bir seçim yapmakta hayli zorlandım. Bu kitapta, tarihi anıtlar hakkında az ve öz bilginin yanı sıra, bugüne kadar yayımlanmamış muhteşem görüntüler bulacaksınız. Kitap iki bölümden oluşmaktadır; birinci bölüm, Roma ve Bizans dönemine ikincisi ise Osmanlı dönemine ait eserleri içermektedir.

Bu müstesna eseri hazırlamak için beni görevlendiren İstanbul Büyükşehir Belediye Başkanı Sayın Dr. Kadir Topbaş başta olmak üzere benden yardımlarını esirgemeyen Kültür A.Ş Genel Müdürü Sayın Nevzat Bayhan ve Proje Koordinatörü Sayın Hasan Işık, büyük bir titizlik ve özenle çalışan grafik tasarımcısı Sayın Sibel İlkin Uçuran ve Robert Koleji'nin 38 yıllık emektar İngilizce öğretmeni Betsy Göksel'e şükranlarımı sunuyor, sizleri kitapla baş başa bırakıyorum.

Preface

The European Parliament has voied Istanbul as the "Cultural Capital of 2010". Undoubtedly Istanbul is a most fascinating city without a rival. It is a treasure full of magnificent and invaluable monuments of 2700 years. Therefore, it has not been easy to make a selection among them.

This volume presents a panoply of historic monuments accompanied by brief information along with superb photographs as yet unpublished. There are two principle sections; the first one is devoted to Roman and Byzantine era and the second one to the Ottoman Period.

I am especially grateful to those who have contributed in creating this book, first and foremost Dr. Architect Kadir Topbaş, Mayor of Istanbul, for his confidence in assigning me this superlative mission, Nevzat Bayhan, General Director of Cultural Affairs, Hasan Işık, Project Coordinator, Sibel İlkin Uçuran the graphic designer and the veteran English teacher of Robert College Betsy Göksel for their efficiency and coordination.

Tuna Köprülü

İçindekiler / Contents

Kültür Başkenti İstanbul

İSTANBUL'UN TARİHÇESİ

İstanbul, iki ayrı kıta üstünde kurulmuş olan dünyadaki tek kenttir. Asya ile Avrupa'yı ayıran İstanbul Boğazı aynı zamanda Karadeniz'i Marmara Denizi'ne bağlayan tek geçittir. Bölgede ilk yerleşim M.Ö. VII. yüzyılda başlamıştır. Yunanistan'dan gelen "Megara" Kumandanı "BYZAS" M.Ö. 627'de stratejik olarak seçtiği Sarayburnu'na (Byzantium) yerleşerek önemli bir ticaret merkezi kurmuştur. Bu tarihten itibaren ilk bin yılda Byzantium Orta Asya Bölgesi çevresindeki diğer Yunan kentlerinin akıbetine uğramıştır. Pers İstilası, Peleponnesian Savaşları, Büyük İskender'in Avrupa'ya yayılması sonucunda Roma İmparatorluğu'nun sınırlarına dayanmıştır. Roma ile yapılan "Pax Romana" Antlaşması sayesinde milattan önceki son üç yüz yılı barış içinde geçmiştir. M.S. 196 yılında Roma İmparatoru Septimus Severus'un ordusu tarafından işgal edilen şehir surları yıkılarak talana uğramıştır. M.S. IV. yüzyılda Roma İmparatorluğu'nun iç çekişmesinden nasibini alan Byzantium, Doğu Roma İmparatoru Constantine tarafından M.S. 324 yılında işgal edildi. Böylece Constantine, Roma İmparatorluğu'nun tek hükümdarı olarak, başkenti Byzantium'a taşıdı. M. S. 326'da başlayan ve dört yıl devam eden yapılanma sürecinden şehir, İmparatorluk Başkenti ihtişamına büründü. Haliç'ten Marmara Denizi'ne kadar şehir surlarla çevrilmiştir.

Nihayet M. S. 11 Mayıs 330'da Hipodrom'da yapılan bir törende Constantine daha sonra "Constantinople" adını alacak olan "Yeni Roma" şehrini ilan etti. Böylelikle Byzantium bin yıllık bir sürecin, üç yıl öncesinden yeni kimliğine kavuştu. Marmara'dan başlayarak Haliç'i ve Boğaz'ı kapsayan yeni Roma kenti, tıpkı eski Roma gibi yedi tepeden oluşmuştu. Günümüzde Galata Kulesi'nden altısının görülebildiği tepeler, ya bir Bizans kilisesi veya bir Osmanlı camisiyle süslenmiş ve İstanbul'un görkemli siluetini oluşturmuştur. Topkapı Sarayı'nın (Acropolis) bulunduğu tepeden itibaren Haliç'e doğru sırasıyla Ayasofya, Nuruosmaniye, Süleymaniye, Fatih, Selim ve Mihrimah Camileri bu altı tepeyi taçlandırmaktadır.

Constantine'in hükümdarlık döneminden sonra gelen yüzyıl içinde Roma İmparatorluğu'nda büyük değişiklikler meydana geldi. M. S. 395 yılında Theodosius'un ölümünden sonra Honorius, Roma'da batıyı, Arcadius ise Constantinople'de doğuyu idare etmeye başladı.

İstanbul-The Capital of Cultures

HISTORY OF ISTANBUL

İstanbul is the only city in the world which is situated on two separate continents. It is located on both sides of the Bosphorus, which separates Asia and Europe and is, at the same time, the single passageway connecting the Black Sea and the Marmara Sea. The first settlement of the area was in the 7th century BC. In 627 BC Byzas, the commander of Megara, came from Greece and, settling strategically in what is now Sarayburnu, founded an important trade center, Byzantium.

From this date onward for the next thousand years, the fate of Byzantium followed the fate of other Greek cities in the Middle East: the Persian invasions, the Peloponnesian wars, Alexander the Great's conquests that brought the borders of the Roman Empire to Byzantium. Thanks to the "Pax Romana" treaty with Rome, the three centuries before Christ were years of peace.

However, in 196 AD the army of the Roman Emperor Septimus Severus toppled the ramparts and pillaged the city. In the 4th century AD due to internal divisions within the Roman Empire Byzantium was occupied by the Eastern Roman Emperor Constantine in 324 AD. Emerging as the single ruler, Constantine transfered the throne of the Roman Empire to Byzantium. Beginning in 326 AD and continuing for four years, the city was filled with the magnificence of an imperial capital and its ramparts extended from the Golden Horn to the Marmara Sea.

Finally on May 11, 330 during a ceremony at the Hippodrome Constantine declared the city, which was later to be named Constantinople, "New Rome" ("Nova Roma"). Thus, in four years the Byzantium of 1000 years, took on a new identity.

The New Rome, like the old Rome, was built on seven hills, beginning at the Marmara Sea, including the Golden Horn and the Bosphorus. Today six of these hills can be seen from the Galata Tower. They are ornamented with either a Byzantine church or an Ottoman mosque, forming the magnificent Istanbul silhouette. Beginning with Topkapı Palace, going up the Golden Horn crowning the hills are the church of St. Sophia, Nuruosmaniye mosque, Süleymaniye (the Mosque of Süleyman the Magnificent), Fatih, Selim, and Mihrimah Mosques.

In the century following Constantine's reign, the Roman Empire underwent enormous changes. In 395 after the death of Theodosius, Honorius took command of Rome in the West while Arcadius ruled Constantinople in the East. In 476 with the fall of the Western Roman Empire, the ruler of Constantinople became the single leader of the Roman Empire. This situation brought about

M.S. 476 yılında batıdaki idarenin çöküşüyle Constantinople'daki hükümdar, Roma İmparatorluğu'nun tek yöneticisi oldu. Bu durum bölgede bazı köklü değişiklerin gerçekleşmesini sağladı. Çoğunluğu Yunanca konuşan Hıristiyanlardan oluşan Doğu Roma İmparatorluğu, Bizans İmparatorluğu adını alırken yeni bir döneme adım atıldı.

M.S. 527'de tahta çıkan Justinian, başkentin daha görkemli hale gelmesi için çalıştı ve birkaç yılda Constantinople dünyanın en muhteşem başkenti olarak altın devrini yaşmaya başladı. Justinian yeni kenti (Ayasofya) "Hagia Sophia" kilisesiyle taçlandırdı. Justinian döneminde Bizans İmparatorluğu Fırat nehrinden Hercules'e kadar yayıldı. 565 yılında Justinian'ın ölümünden sonraki 500 yıl içinde imparatorluk çökmeye başladı. Araplar, Slavlar ve Bulgarlardan sonra 1071'de gerçekleşen Malazgirt Savaşı ile Selçuk Türklerine karşı yenilgiye uğrayan Bizans İmparatorluğu, Haçlı Seferleri'yle de hücuma uğradı. 13 Nisan 1204'te 4. Haçlı

several fundamental changes in the region. With the majority of the population being Greek-speaking Christians, the Eastern Roman Empire became the Byzantine Empire and a new era began.

Coming to the throne in 527, Justinian decided to make his capital a more splendid city. In a matter of years, Constantinople entered its Golden Age as the most magnificent capital in the world. The crown of Justinian's new city was the church of "Hagia Sophia" (St. Sophia).

In Justinian's time the Byzantine Empire stretched from the Euphrates River to Hercules. Within fifty years following the death of Justinian in 565, the decline of the Empire had begun. A defeat by the Selçuk Turks in 1071 in the Malazgirt War followed invasions by Arabs, Slavs and Bulgarians. The Crusaders struck a final blow. On April 13, 1204 the Crusaders Army

Ordusu, Haliç bölgesindeki surları aşarak şehri talan etti. Bizans bir daha eski görkemine kavuşamadı.

1204 yılından başlayarak bir müddet Latin kralları tarafından idare edilen Bizans, yüz yıl boyunca hayli toprak kaybederek Constantinople çevresinde sıkışıp kaldı. Son olarak 29 Mayıs 1453'te Fatih Sultan Mehmet kumandasındaki Osmanlı ordusu tarafından ele geçirilen Bizans İmparatorluğu tarihe karıştı.

Bugünkü İstanbul'un adı çeşitli dönemlerde değişik biçimde kullanılmıştır. Roma İmparatoru Constantine'in adı verilen Constantinapolis kısa adı ile "Stimpoli" (Polis Şehri) tarih kitaplarında yer aldı. Daha sonra Müslüman Emeviler döneminde "İstinbol" benimsenmiş, XVIII. yüzyılda Türklerin Müslümanlığını vurgulayan "Islambol" adı kısa bir süre kullanılmış; fakat çok geçmeden "İstanbul" adıyla günümüzdeki kimliğine kavuşmuştur.

surmounted the city walls and ravaged the city. Byzantium never again regained its former glory.

Beginning in 1204 Latin kings ruled Byzantium for a time, loosing so much territory that within a century Constantinople was squeezed within its own environs. Finally on May 29, 1453 the Ottoman army under the command of Sultan Mehmet conquered Constantinople, and the Byzantine Empire was lost to history.

The name of today's city, İstanbul, evolved in different ways over various time periods. In some history books "Stimpoli" is used as a shortened form of "Constantinople," the name given by the Roman Emperor Constantine. During the time of the Emevi Moslems the name "İstinbol" was assimilated. In the 18th century, Turkish Moslems used the name "Islambol" for a short time, but soon "İstanbul" became the city's identity.

I. Roma ve Bizans Dönemi

I. Roman ve Byzantine Period

Hipodrom ve Antik Sütunlar

The Hippodrome and Ancient Columns

DİKİLİTAŞ, YILANLI SÜTUN, ÖRME OBELİSK ve GOTLAR SÜTUNU

Sultanahmet Camii ile Adliye Sarayı arasındaki Hipodrom, Roma İmparatorluğu döneminde olduğu gibi Bizans İmparatorluğu'nda da eğlence ve spor merkezi olarak X. yüzyıla kadar önemini sürdürmüştü. Hipodromda, dört at tarafından çekilen arabalar (Quadriga) ve bu arabaları süren gladyatörlerin bulunduğu yarışların yanında, müzik toplulukları, dansözler, akrobatlar, vahşi hayvan gösterileri gibi faaliyetler yapılırdı. Dev ölçüde bir "U" harfi şeklinde olan hipodromun doğu yönündeki çatısında dört bronz at bulunan, balkon biçiminde imparator locası yer alırdı. Ortada, hipodromun kum kaplı sahasını ikiye bölen, arabaların etrafında yarıştığı alçak bir duvar, bu duvarın üstünde de İmparatorluğun çeşitli yerlerinden getirilen âbideler ve meşhur at yarışçıları ile atlarının heykelleri bulunurdu. O dönem, şöhretli bir araba yarışçısı, akla gelebilecek her türlü maddi olanak içinde yüzerdi. Yarışçılar yeşil-mavi-sarı-kırmızı gibi politik güçleri de olan takımlara

THE OBELISK, THE SERPENTINE COLUMN, AND OTHERS

The Hippodrome is between the mosque of Sultanahmet and the Palace of Justice. The Hippodrome was an important sports and entertainment arena during Roman and Byzantine era, up until the 10th century. In this stadium besides chariot (Quadriga) races driven by gladiators, there were musical performances, dancers, acrobats, and exhibitions of fierce animals.

The Hippodrome is shaped like a huge U. To the east was the Imperial Box, like a balcony, with four bronze horse statues. In the middle was the sand-covered arena divided in half by a low wall around which the chariots would race. On this wall were monuments brought to the empire from various places and statues of famous horse racers and horses. A famous chariot driver was inundated with all kinds of material possibilities. The racers were separated into teams based on political power with colors--green, blue, yellow, red. As the races became politicized, the competition became more vicious and turned into terrible massacres. In short, the Hippodrome was not only an entertainment center, but also a political center.

The Hippodrome today takes its appearance from the

ayrılmışlardı. Yarışlara politika karıştığında karşılıklı güçlerin mücadeleleri, korkunç katliama dönüşebilirdi. Kısacası hipodrom, kentin eğlence ve siyaset merkezi ile politik mücadelelerinin yapıldığı yerdi.

Hipodrom zemini 4-5 metre yükseltilerek kalan üç âbideyle bugünkü görünümünü almıştır.

Anıtlar, ortada yer alan ve "Spina" adı verilen bir eksenin üzerinde sıralanırdı. Burada yer alan Dikilitaş (Obelisk) meydanın simgesi olmuştur. Bu anıt aslında bir Mısır yapıtı olup M.Ö. 1600 yılında Firavun Tutmosis adına Karnak'ta dikilmiştir. Pembe granitten yekpare olan bu dikilitaş, 390 yılında İstanbul'a getirilmiş ve Hipodrom'a dikilmiştir. Dört bronz ayağı mermer bir kaidenin üzerine oturur. Kaidenin dört yüzü de kabartmalarla kaplıdır. Bu kabartmalarda I. Theodosius, oğulları, karısı ve yardımcıları ile Hipodrom sahneleri ve anıtın dikilişini gösteren tasvirler yer alır. Anıtın kaidesinde biri Latince, biri Grekçe olmak üzere iki kitabe vardır. Latince kitabede anıt kendi ağzından konuşur ve dikiliş nedeni ile kaç günde dikildiğini şöyle anlatır: "Önceleri direnmiştim, fakat yüce efendimizin buyruğuna itaat ederek ezilen tiranlar üzerinde zafer çelengini taşımam için gerekli her şey, Theodosius ve onun kesintisiz devam eden sülalesine boyun eğdi. Bana da galebe çalındı ve Proklos'un idaresinde 30 günde dikilmeye mecbur edildim."

Grekçe kitabede anlatım daha yalındır. Burada konuşan taş değildir: "Devamlı yerde yatan dört taşı dikmek cesaretini ancak İmparator Theodosius gösterebildi. Yardıma Proklos'u çağırdı ve böylece 30 günde taş dikilebildi." Bu tür obelisklerin dikilme amaçları tümüyle psikolojiktir. Amaç, İmparatorun halk üstündeki görkem ve gücünün artmasını sağlamaktır.

Dikilitaş'ın yaşı 3735, yani 2700 yıllık İstanbul'dan bile eski bir yapı. M.Ö. 1736 yılında Mısır firavunlarından Tutmois tarafından yaptırılan Dikilitaş'ı, Mısır'ı fetheden Roma İmparatoru Büyük Teodosyus, gemilere yükleterek İstanbul'a, bugünkü yerine getirmiştir. Aslında firavunu öven bir anıt olan Dikilitaş, bu hesaba göre Hz. İbrahim'in Mısır'a gidişinden 437 yıl önce inşa edilmiştir.

Hipodrom'daki anıtlardan biri de IV. yüzyılda İstanbul'a getirilmiş olan Yılanlı Sütun'dur. Birleşmiş Yunan sitelerinin İranlılara galip gelmesi üzerine elde edilen ganimetlerin eritilmesiyle oluşturulan bu sütunun üzerinde altın bir kazan vardı. Bu kazanı tutan burmaların her biri yılan biçimindeydi. Yılan kafalarından birinin yarısı, geçen yüzyıl yapılan bir kazıda bulunmuş ve İstanbul Arkeoloji Müzesi'ne konmuştur. İmparator Konstantin Porphyrogennetos zamanında dikilmiş olan Örme Obelisk de Hipodrom'dadır. Bu anıtın üstünün zamanında madenî plakalarla kaplı olduğu bilinmektedir.

Sultanahmet'teki Hipodrom dışında, kentin öteki semtlerinde de çeşitli anıtlar bulunmaktadır. Bunlar genelde, yaptıranların ve bulundukları yerlerin adları ile tanınırlar. Bu tür anıtlardan biri olan Gotlar Sütunu, Gülhane Parkı'ndadır. Kesin tarihi belli olmamakla beraber IV. yüzyıla ait olduğu zannedilmektedir. Bir kaide üzerinde monolit gövde halinde yükselen anıtın tepesinde Korint üslubunda bir başlık vardır.

three remaining columns which have been raised 4-5 meters from the ground. The monuments are arranged in a line on a central axis called "Spina." The Obelisk located here has become the symbol of the Hippodrome area. It is actually Egyptian, having been erected in 1600 B.C. by the Pharaoh Tutmosis at the temple of Karnak. Made from a single piece of pink granite, the Obelisk was brought to İstanbul in 390 and erected at the Hippodrome. It rests on a marble base on four bronze pedestals. The four sides of the base are embossed. The raised designs depict Theodosius I, his sons, his wife, his assistants in Hippodrome scenes, including the erecting of the monument. There are two inscriptions on the base of the monument--one in Latin, one in ancient Greek. The Latin inscription pretends the voice of the monument itself and describes the reasons for its erection and how long it took to be erected. It tells thus:

"At first I resisted, but I obeyed the order of my great leader. It was necessary to carry the wreath of victory over defeated tyrants, who bowed their necks to Theodosius and his unending line of descendents. They were victorious over me as well, and under supervision of Proklos I was forced to be erected in thirty days."

The Greek inscription is simpler; the stone doesn't speak here.

"Only the Great Emperor Theodosius could dare to erect four stones lying for eternity in the earth. He called upon his assistant Proklos and thus in 30 days the stone was erected."

The purpose of such obelisks was purely psychological: to increase the power and glory of the emperor in the eyes of the populace.

The Obelisk is 3735 years old, even older than 2700 years Istanbul itself. When Rome conquered Egypt, the Great Emperor Theodosius loaded old Obelisk, made in 1736 B.C. by the Pharoah Tutmosis, on ships to İstanbul, to its present location. According to these calculations the Obelisk of which the Pharaoh was so proud of, was constructed 437 years before Abraham went to Egypt!

Serpentine column is another of the monuments in the Hippodrome, brought to İstanbul in the 4th century. This column was made from melted booty taken when the Greek army defeated the Persians. It had a golden cauldron at its top. This cauldron was attached by coils, each in the shape of a serpent. In the last century the head of one of these snakes was found in an archeological dig and was placed in the İstanbul Archeological Museum.

The column of Constantine Porphyrogenetus, the Braided Obelisk, is also found in the Hippodrome. At one time this column was overlaid with bronze tablets.

In addition to those in the Sultanahmet district, there are various other monuments in other districts of İstanbul, usually named either for their locations or for whoever erected them. One of these is the Goth's Obelisk located in Gulhane Park. Although its exact date is not known, it is believed to be from the 4th century. Its monolithic body is set on a base; of a tall column whith a capital in the Corinthian style.

ROMA SU KEMERLERİ

İstanbul'da daima bir su problemi vardı. Yarımada civarında nehir bulunmadığı gibi, su kaynakları şehrin ihtiyacını karşılamak için yetersizdi. Bu nedenle önce imparatorlar, daha sonra sultanlar yeni çareler araştırırlardı.

İstanbul'un su sistemi ilginçtir. Günümüzde eski su şebekesinin yanı sıra, borular ve kemerlerle örülmüş bir ağ sayesinde şehrin civar barajlarından ve üç gölden su temin edilmektedir. Böylece yoğun nüfuslu şehir suya kavuşmuştur. Eski İstanbul'da ise gerekli bölgelere sarnıç yapılarak sorun çözülürdü. Şehir surlarına yakın bölgedeki sarnıca su toplayarak semtlerin çeşmelerine dağıtılırdı. Daha sonra sarnıçlar işlevlerini kaybedince, yerlerini sebze bahçeleri alırdı. Sarnıçların en küçüğü olan Edirnekapı civarındaki "Aetius" 244 m x 85 m büyüklüğündedir. Hâlen yerinde bir stadyum bulunmaktadır. 152 metrekarelik Çukurbostan Sarnıcı, Sultan Selim Camii yakınında imiş. 170 m x 147 m. büyüklüğündeki "Hagios Makioe" sarnıcı ise Laleli bölgesindedir. 127 m x 90 m büyüklüğünde bir açık sarnıç Bakırköy semtinde, surların dışında koşu hipodromu civarındadır. Tuğla ve çimentoyla bir havuz şeklinde yapılarak su basıncına karşı dış yüzeyi takviye edilmiştir.

Valens (Bozdoğan) Kemeri

Görkemli bir Roma kemeri olan Bozdoğan Kemeri, İstanbul sırtlarının üçüncü ve dördüncü tepeleri arasından geçer.

M.S. IV. yüzyılın sonlarında yapılarak İmparator Valens'e ithaf edilmiştir. Bir kilometre uzunluğundaki bu kemerin bir bölümü de çift kemerlidir. Roma mimarisinin harika bir örneği olan kemer, Beyazıt Meydanı'ndaki tüm çeşmelerin suyunu karşılardı.

The AQUADUCTS AND CISTERNS

Water shortage has always been a problem in İstanbul. There were no rivers near the peninsula, and the springs in the city were never adequate in answering the demand. Therefore, the emperors and the sultans later always had to find new ways to satisfy the demand for city water.

The water supply system in Istanbul is quite interesting. Today the old water supply system as well as new dams and three lakes built nearby supply water to the heavily populated city. Networks of pipes and aqueducts used to bring water from dams as well as cisterns built in every favourable location are supplemented by huge reservoirs.

However, in the old days water was supplied by three large cisterns from which it was distributed to the fountains of the city. Later when these huge reservoirs were outdated, they were turned into vegetable gardens. The smallest of these reservoirs, the one near Edirnekapı, was called 'Aetius' 244 meters by 85 meters and today it serves as a stadium. The one near the Sultan Selim Mosque is called Çukurboston (the Sunken Garden), and is a 152 square meters on each side. The Hagios Makioe Reservoir is 170 m. by 147 m. and 15 meters deep. It is located to the South-west of the city, near the center of the Laleli district.

There is another open cistern measuring 127 meters by 90 meters near the racecourse situated outside the city walls in Bakırköy district. It was built with bricks and mortar as a pool above ground and reinforced outside to withstand water pressure.

The Aquaducts of Valens

A magnificent Roman Aquaduct crosses the Valley between the third and fourth hills of the city. It was constructed in the late 4th century and dedicated to Emperor Valens. It is known as the Bozdoğan Aquaduct. A large section of this one kilometer long Aquaduct has two tiered arches. This magnificent example of roman architecture used to supply water to the fountains in Beyazıt Square area.

SURLAR

Marmara kıyısındaki Yedikule'den, Haliç kıyısındaki Ayvansaray'a kadar uzanarak İstanbul'u batısından kuşatan kara surlarının "Blakerna" bölgesine kadar olan kısmı, V. yüzyılda II. Teodosyus zamanında yapılmıştır. Bugünkü kara surları VIII. yüzyıldaki büyük deprem sonrası III. Leon devrinde yapılan yenilemenin ürünüdür. Üstünde burçlar bulunan tek sıralı bir savunma duvarından oluşan deniz surlarından farklı olan kara surları, üçlü bir sisteme sahipti. Bu sistem asıl duvar, önder duvar ve hendekten oluşmaktadır. Yaklaşık beş metre eninde ve 11–14 metre yüksekliğindeki asıl surda 50–75 metrelik burçlar vardı. Kapılar ana yolların şehir dışına giden çıkış noktalarına yerleştirilmişti. Kapılar, ya şehir dışına giden yolun sonundaki kent veya kasabanın adıyla, ya da çevredeki tarihî bir bina adıyla anılırdı. Yedikule'de, Marmara kıyısına yakın olan Altınkapı, sadece imparatorun katıldığı törenlerde kullanılırdı. Bizans döneminde yapılan Teodosyus surlarının "Blakerna" bölgesindeki IV. yüzyıldan kalma surlarla birleştiği kabul edilir. "Blakerna" duvarları Haliç kıyısına uzak kaldığından, kıyıyı korumak için bu duvar uzatılmıştır.

XI. yüzyılda Komnenoslar döneminde imparator, sarayı Blakerna'ya taşıyınca, Blakerna duvarı önüne Manuel suru yapılarak saray bölgesi tahkim edilmiştir. Eğrikapı bu surun içinde yer alır. İstanbul'un fethi döneminde büyük zarar gören surlar, daha sonra Osmanlılar tarafından takviye edilmiştir. Ancak XIX. yüzyıldan sonra işlevini kaybettiği için kendi haline bırakılmıştır. Uzun zaman evsizlerin barınağı olarak kullanılan surlar, 1953 yılında kutlanan fethin 500. yılı nedeniyle restore edilmeye başlanmıştır. Halen surlar yer yer eski görkemine kavuşturulmaktadır.

CITY WALLS

İstanbul was surrounded by city walls that stretched from Yedikule on the Marmara shore to Ayvansaray on the shore of the Golden Horn. The walls up to the Blakerna area were built in the 5th c. by Theodosius II. Today's walls are those restored by Leon III after a great earthquake in the 8th century. A city wall differs from a sea wall which is a single row of defense wall with bastions on the top. City walls have a triple system, which includes the wall itself, a front wall, and a trench. The wall is approximately 5 meter in width, 11-14 meter in height, with bastions 50-75 meters high. Exit gates in the main road allow one to leave the city. The gates and exit roads are known either by the name of the city or town at the end of the road, or by historical buildings in the vicinity. During Byzantine times the golden gate at Yedikule near the Marmara shore was used only for ceremonies attended by the emperor. The city walls made by Theodosius in the Blakerna district were connected to those remaining from the 4th century. Since the Blakerna walls were far away from the shore, new walls were extended to the Golden Horn to protect the shoreline.

In the 11th century during the reign of Comnenus the imperial palace was moved to Blakerna. The Manuel wall was built in front of the Blakerna wall to strengthen the defense of the palace. The Gate called "Eğrikapı" is in this wall. These walls were greatly damaged during the conquest of Istanbul and were later strengthened by the Ottomans. However, after the 19th century they were no longer functional, they were abandoned and fell into disrepair. For many years they were used as shelter by homeless people. In 1953 on the occasion of the 500th anniversary of the conquest, a restoration project was begun. Thus, the city walls have been restored to their former appearance.

AYASOFYA

Bizans mimarisinin tipik özellikleri, dönemin başkenti İstanbul'da görülür. İlkçağ'ın mimari tarzlarından faydalanılarak yeni bir stil yaratılmıştır. Esası bir çarşı, bir toplantı yeri olan bazilikayı Hıristiyanlaştırarak, kilise haline getirmişlerdir. Ufak tefek ticari anlaşmazlıkları çözümleyen hâkimin yerini ise Hıristiyanlıkta Hz. İsa almıştır. Bazilika, uzun yapılı bir kilisedir. İçi iki sütun dizisi ile üç nefe ayrılmış, bunlardan ortadaki yandakilere oranla daha geniş tutulmuştur. Doğu ucunda yarım daire biçiminde dışarı taşan apsis bulunur. Batı yönünde ise "Narteks" adı verilen bir hol vardır. Bunun iki yanındaki merdivenlerden yan neflerin üstünde yer alan ve kadınlara ait olan galerilere çıkılır. Bir bazilikanın üstü, çift meyilli ve kiremit kaplı ahşap bir çatı ile örtülü olurdu. Bu basit ve yalın kilise tipi, Hıristiyanlığın özellikle ilk yıllarında ve Bizans sanatının ilk döneminde, hayret verici derecede tutulmuş ve çok sayıda örneği inşa edilmiştir.

Bizans mimarisi bu iki ayrı tipi, bazilika ve merkezî planı birleştirerek yeni bir mekân yaratmaktan da geri kalmamış, bunun sonucunda V. yüzyılın sonlarına doğru kubbeli bazilika denen tip doğmuştur.

Bu mimarî tarzın en belirgin örneği, 532–537 yıllarında inşa edilen Ayasofya'dır. Bu yapı kubbeli bazilika tipini açık biçimde yansıtmaktadır. İlk örnekleri Anadolu'da yapılan kubbeli bazilikaların en görkemlisi, İstanbul'daki Ayasofya'dır. Anadolulu iki mimar, Trallesli (Aydın) Anthemios ve

ST. SOPHIA

Typical examples of the unique qualities of Byzantine architecture are found in İstanbul, the capital of ancient Byzantium. Architects, created a new style inspired by ancient monuments. Such as the basilica, which was basically a market or gathering place, a Roman hall of justice, was Christianized to become a church. In the place of a judge to settle small trade disputes, Jesus became the judge in Christianity. The basilica is oblong in shape. The interior is separated into three naves by a series of columns, with the middle nave wider than those beside it. On the eastern side is a semi-circular apse extending outward. To the west is a passageway or hall, called a narthex. On both sides are stairs leading to the galleries above the naves which were reserved for women. The ceiling of a basilica was double sloped, with a timber roof covered by tiles. This simple and spare church design was very popular, particularly in the early years of Christianity and the early era of Byzantine art, and many examples were constructed. Byzantine architecture incorporated the two plans--the basilica and the

Miletoslu (Balat) Isidoros Justinianos'un emri ile 532–537 yıllarında, yanmış olan eski bir kilisenin yerine yaptırılan Ayasofya, kubbeli bazilika tipini açık bir biçimde verir. Bu yapıda, merkezî planlı yapılarda görülen mimari sistemin özünü, orta nefin üst mimarisinde ve ana mekânda bulmak olasıdır. Ama bunun yanında, klasik bazilika mekânının karakteristiği olan yan neflerin yardımı, hatta orta mekânın görkemi ve genişliği uğruna "harcanmış" bölümler olduğu da gözden kaçmaz. Ayasofya'da önceleri atrium ile bağlantılı olan dış narteksi, çapraz tonozlarla örtülü geniş bir ana narteks izlemektedir. İç kısım ise âdeta çatılı bir bazilika gibi, paye ve sütun dizileri ile üç nefe ayrılmıştır. Orta nefin üstüne rastlayan bölümde, esas ağırlığı dört payeye binen 31 metre çapında büyük bir kubbe bulunmaktadır. Ana eksen üstünde iki yarım kubbe daha yer almaktadır. 77 metre uzunluğundaki orta nefin doğu ucunda, dışarı taşkın ve üstü yarım kubbeli bir apsis vardır.

Narteks'in sahına açılan kapılarından ortadaki en büyük kapı, yalnız imparator ve mahiyetinin kullanımına tahsis edilen İmparator Kapısı'dır. Günümüze ulaşan figüratif mozaiklerden biri de İmparator Kapısı üstünde bulunan tonoz aynasıdır. Burada Hz. İsa, mücevherlerle bezeli bir tahta oturup ayaklarını tabureye dayamış bir vaziyette görülmektedir. Sağ elini, takdis etme hareketi yapar gibi kaldırmıştır. Sol eliyle bir kitap tutmaktadır ve kitabın üstünde "Tanrının selamı üzerinize olsun, ben dünyanın ışığıyım" sözleri yeralmaktadır. Diğer bir mozaikte başında taç olan Hz. İsa yalvarır gibi tahtın önünde diz çökmüştür. Tahtın iki yanında, iki ufak girinti vardır. Soldakinde kutsal bakirenin büstü, ötekinde ise bir melek bulunur. Buradaki imparator figürünün VI. Leon'a (886–912) ait olduğu zannedilmektedir.

Ayasofya'daki mozaiklerin en görkemlisi apsisin tarak tonozundadır. Bu mozaikte Meryem Ana ve onun dizlerine oturmuş çocuk Hz. İsa temsil edilir. Meryem Ana, mavi dökümlü bir elbise giymiş, başörtüsünün kıvrımlarında, her iki omzunda birer küçük haç vardır. Sağ eli, Hz. İsa'nın omzunda, sol eli ise dizindedir. İsa ise sırmalı bir elbise giymiştir ve ayağında sandal vardır. Meryem Ana mücevherlerle süslenmiş bir tahtta, yeşil renkte desenlerle işlenmiş iki yastık üzerinde oturmaktadır. Ayaklarının altında da yine mücevherlerle süslenmiş bir ayak taburesi vardır. Apsisin çevresindeki kemerde çok büyük bir Cebrail figürü vardır. Cebrail'in üzerine beyaz ipekten bir pelerin (chlamys) atılmış ya da iç çamaşırı (divitisyon) giymiştir. Kanatlarında mavi, yeşil, beyaz renkli tüyler vardır.

Soldan ilk nişte, 847 ve 867 yıllarında iki kez onar yıl Konstantinopolis patrikliği yapmış olan genç Aziz İgnatios, orta nişte 398–404 Konstantinopolis Patriği İonnes Khrysostomos ve beşinci nişte Galatyalı İgnatios Theophoros porteleri vardır. Diğer üç mozaik portre, kuzey alınlık tablası duvarının eteğindeki nişlerdedir ve sahından görülebilir. Bu mozaikler III. yüzyılın son çeyreğinde yapılmıştır. Günümüze kadar gelen diğer bütün figüratif mozaikler narteksin kuzey ucundaki galerilerdedir.

Ayasofya'nın en güzel görünümü Topkapı Sarayı girişindeki Hünkâr Kapısı'ndandır. On dört yüzyıldan bu yana, gezginlerin hayranlık duyduğu haşmetli yapı, ayrıntıları ile bu noktadan görülebilir.

central gathering place--to produce a new creation toward the end of the 5th century---the domed basilica.

The clearest example of the domed basilica architectural design is St. Sophia, built between 532-537. It is the most magnificent of all the domed basilicas, which were first constructed in Anatolia. At the order of Justinianos, two Anatolian architects, Anthemios of Tralles (now Aydin) and Isidor of Meletus constructed St Sophia in the domed basilica style on an area where an old church had burned down. In this construction the essence of central-plan architectural style is obvious, with the central nave as the main area. The adjoining naves of classical basilican architecture are quite obviously sacrificed to the magnificence and width of the central nave. In St. Sophia the outer nave is first seen, relative to the atrium, then the wide main nave covered by groin vaults. Above the central axis are two half-domes. At the eastern edge of the 77-meter-wide middle nave is a protruding half-domed apse.

The great middle door opening off the narthex is the Emperor Gate, which was used only by the emperor and his closest retainers. One of the figurative mosaics remaining today is in the vaulted mirror above the Emperor Gate. Here Jesus is depicted sitting on a jeweled throne, resting his feet on a footstool. His right hand is raised in blessing. In his left hand is a book with the words, "I am the light of the world with God's blessings." The other mosaic is more realistic with a crown on his head, Jesus kneels before the throne. There are indentations on both sides of the throne; in the left is a bust of Virgin Mary, in the other an angel. It is thought that the emperor figure is that of Leon VI (886-912).

The largest and most beautiful of the mosaics is in the vault above the apse. This mosaic depicts Virgin Mary and, Jesus, sitting on her feet Mary wears a blue dress with the folds of her headscarf flowing over her shoulders. Each shoulder fold is embroidered with a tiny cross. Her right hand rests on Jesus' shoulder, her left on his knee. Jesus wears a silver-gilded dress, with sandals on his feet. Mary sits on green, embroidered cushions on a jeweled throne. Under her feet is a jeweled footstool. On the arches above the apse is a large Gabriel figure. Gabriel, wearing duvetyn, has a cloak of white silk thrown over his chalamys (mantle). His wing feathers are colored blue, green and white.

In the first niche to the left is a mosaic of the young St. Ignatius who served twice as Patriarch of Constantinople, in 847 and 867; in the middle niche is the Patriarch Ionnes Khrysostomos, 394-404; and in the 5th niche is Ignatius Theophoros of Galata. The other three mosaic portraits are in niches at the edge of the north tympanum wall. These mosaics were made in the last quarter of the 3rd century. All the other figurative mosaics remaining today are in the north wall of the upper galleries of the narthex.

The most impressive view of St. Sophia is from the Sultan's Gate at the entrance of Topkapı Palace. From this viewpoint for more than 14 centuries, world travelers have observed the majestic building with awe.

AYA İRİNİ

Aya İrini, Bizans'ın ilk kilisesidir. Konstantin, şehri yeniden kurarken kendi adına bir forum, saray ve hipodromun yanı sıra, 330'larda Roma tapınaklarının üzerine Aya İrini Kilisesi'ni inşa ettirir. Aya İrini ya da Hagia Eirene'nin sözlükteki anlamı "kutsal barış" olarak geçmektedir. Rivayete göre yine aynı yıllarda yaşamış bir azize olan Penelope, Hıristiyanlığı yaymaya çalışır. Putperestler tarafından yılanlarla dolu bir kuyuya atılır; ölmez, taşlanır, atlara bağlanıp sürüklenir; yine ölmez. Mucizelerin sonunda putperestler Hıristiyan olur; İrini de bir azize. İmparator Konstantin, bu olağanüstü olay üzerine yaptırdığı tek tanrılı dinin ilk mabedine Aya İrini adını verir.

Aya İrini, Bizans'tan günümüze kalan atriumlu tek kilisedir. Atrium, eski Roma tapınaklarının ortasındaki çevresi revaklı bir avludur. Aya İrini, yerini aldığı tapınağın özelliklerini bugüne kadar getirmiş; ancak bugünkü Aya İrini, aynı Aya İrini değildir, çünkü ilk Aya İrini ahşap olduğundan 532'de yanmıştır. İmparator Iustinianos, çok tanrılı inancı kesinlikle yasaklayınca ayaklanan halk, Zeus'a sığınarak hem Ayasofya'yı hem de Aya İrini Kilisesi'ni yakmıştır. Iustinianos, Ayasofya ve Aya İrini'yi yeniden yaptırmış; ancak Aya İrini 564'te bir kez daha yanmıştır. İki yangından sonra, bu defa depremlerle sallanmış olduğundan kilise üçüncü kez onarılarak halkın hizmetine sunulmuştur.

Dıştan dışa 42,2 metre uzunluğunda, 35,7 metre genişliğinde, dikdörtgen planı olan kilisenin, doğu duvarında beşgen bir apsiti ve batı tarafında önünde atrium olan bir narteksi vardır. Merkezî sahın alanı yüksek bir kasnak üzerinden taşınan bir kubbeyle örtülüdür. Kuzey, doğu ve güneyde sivri tepeli çatılar, batıda ise kubbemsi bir tonozu vardır. Binanın çeşitli yerlerine yerleştirilmiş antik dönem mimarisine ait parçalar, Birinci Tepe'de yapılan kazılarda çıkarılmıştır. Kilise etrafındaki zemin ilk düzeyinden 5 metre kadar yükseltilmiştir. Şu anda kiliseye, kuzeybatı köşesinin dışında bulunan Türk tarzı bir sundurmadan ve dış yapılardan iç mekân düzeyine doğru inen bir rampayla girilmektedir.

Kilise bazilika formundadır, ama çok sıra dışı tipte bir bazilikadır. Merkezî sahın iki yanında yan sahınlar, onların üzerinde de aynı zamanda narteksin üzerinde devam eden bir galeri vardır. Bu alanın üzerindeki kubbenin çapı 15,5 metredir. Kubbeye aslen, alanın köşeleri üzerinde bulunan dört dev fil ayağı destek olur. Bu ayaklar arasında dört yuvarlak kemer bulunur. Bu kemerlerden kuzeye, doğuya ve güneye beşik tonozlar açılırken apsiti bir tarak tonoz örter. Sahın batı ucunda bulunan bir başka çift ayak da eliptik bir kubbemsi tonozu destekler.

Osmanlı sultanı II. Mehmet, İstanbul'a girip yeni bir dönemi başlatır. Yapımına başlanan Topkapı Sarayı'nın dış duvarları, Ayasofya ve Aya İrini'nin arasından geçer. Aya İrini bir süre sonra, silahların bakım ve onarımının yapıldığı iç cephane deposu olur.

Aya İrini, Osmanlı'nın ilk müzesidir. Depodaki silâhlar antika olunca, XIX. yüzyılda ilk müze Aya İrini'de açılır. Aya İrini'nin galerilerine, çıkışı sağlayan çift kanatlı merdivenler ve ana kapıdaki 1726 yılını gösteren kitabe eklenir. Aya İrini'yi sallayan depremler sırasında Bizans'ta ikonalar, dinen yasaklandığı için, onarımlarda duvarlar süslemesiz bırakılmıştır.

AYA IRINI (ST. IRENE)

St Irini was the first church built by the Byzantines. While forming his new city, Constantine built a forum, a palace, and a hippodrome in his name, and in 330 he built the church of St. Irini where a Roman temple had previously existed. The name "Aya Irini" or "Hagia Eirene" means "Holy Peace." According to rumor, in those years there was a saintly person named Penelope who worked to spread Christianity. Idol worshipers lowered her into a snake-filled well--she didn't die. They stoned her, tied her behind horses--still she didn't die. After these miracles the idol worshipers became Christians. Irini was another such saint. After this episode Constantine had a place of worship dedicated to one single God, and he named it "Aya Irini."

St. Irini is the only Byzantine church remaining today which has an atrium. The atrium was the courtyard surrounded by arches in the center of Roman temples. Features of the temple are evident St. Irini. However, today's St. Irini is not the same St. Irini because the first one was made of wood and burned down in 532. The people rose up against the Emperor Justinianos who had forbidden worship of more than one god. Turning to Zeus, they burned both St. Irini and St. Sophia. Both churches were rebuilt. However, St. Irini burned down again in 564. After the two fires, the building was shaken by several earthquakes. It was repaired for the third time and opened to public services.

From the outside the rectangular church is 42.2 m. long and 35.7 m. wide; on the eastern wall is a polygon-shaped apse and to the west there is a narthex with the atrium in front. A high-rimmed dome covers the main area. The roof is sharply pointed to the north, south, and east, to the west there are arches similar to domes. In various places of the building artifacts from antiquity, excavated in Birinci Tepe, have been placed. The level of the ground around the church is five meters higher than it originally was. At present the church is entered by a ramp covered with a Turkish-style lean-to roof which leads to the inside area.

The church is shaped like a basilica, but a very unusual one. There is a gallery above the narthex which continues above two sides of the central area. The diameter of the dome above this area is 15.5m. The dome is supported by four huge elephant feet in the corners. Between them are four circular arches which open to barrel vaults. A combed vault covers the apse.

The Ottoman sultan Mehmet II began a new era in Istanbul. The outer wall surrounding Topkapı Palace came in between St. Sophia and St. Irini. Some time later St. Irini became an ammunition and arms depot.

St. Irini became the first Ottoman museum. When the weapons in the depot were outdated, St. Irini was turned into a museum in the 19th century. The two-winged stairway to the gallery was added. The icons which had fallen during earthquakes had not been replaced, so the walls were bare. Today, except for

Bugün Osmanlı'nın, üzerine bir bayrak asarak kapattığı apsit yarım kubbesindeki İsa'yı simgeleyen haç ve haçın altında Hz. İsa'nın çarmıha gerildiği Golgota Tepesi'ni simgeleyen birkaç basamaklı kürsü çizimi dışında bir motif kalmamıştır.

1453 yılında İstanbul'un fethinden sonra kilise camiye çevrilmediği için yapıda önemli bir değişiklik yapılmamıştır. Uzun süre ganimet ve silah deposu olarak kullanılmıştır. Tophane müşirlerinden Damat Ahmet Fethi Paşa'nın 1846 yılında Türk müzesinin ilk nüvesini oluşturan eserleri burada sergilenmiştir. 1869 yılında Aya İrini, Müze-i Hümayun (imparatorluk müzesi) adını almıştır. Zamanla, sergi mekânlarının yetersiz kalması nedeniyle buradaki eserler 1875 yılında Çinili Köşk'e taşınmıştır. 1908 yılından itibaren Aya İrini, Askerî Müze olarak kullanılmıştır. Daha sonra bir süre boş kalan yapı onarılmış ve Ayasofya Müzesi Müdürlüğü'ne bağlı bir birim haline getirilmiştir. Halen konser salonu olarak kullanılmaktadır.

the cross on the half-dome of the apse, and the steps to the pulpit which represent Jesus' march up Golgotha Hill carrying the crucifix, there are no remaining motifs.

Since the church was not converted into a mosque, no major changes were made after the conquest of Istanbul in 1453. It was used as a booty and weapons depot for many years. In 1846 Damat Ahmet Fethi Pasha, field marshal of the cannon foundry, exhibited pieces which made up the first nucleus of Turkish museum in St. Irini. In 1869 the church was given the name "Muze-I Humayun" (Museum of the Empire). In time the exhibition space became limited, and the works were moved to the "Tiled Kiosk." From 1908 on St. Irini was used as the Military Museum. Later, having been left vacant for some time the building was repaired and brought under the administration of the St. Sophia Museum. Presently it is used as a concert hall.

KÜÇÜK AYA SOFYA CAMİİ
Aziz Sergius ve Bacchus Kilisesi

Küçük Ayasofya Camii, Eminönü ilçesinde bulunan Cankurtaran ile Kadırga semtleri arasında Marmara surlarının güney deniz kısmına yaklaşık 20 metre mesafede konumlanmaktadır. Bazı kaynaklarda, yapının yakınında Hormidas Sarayı olarak bilinen Büyük Saray'ın bir pavyonunun ve bitişiğinde de Havari Petrus ve Pavlos adına yapılmış bazikal planlı bir kilise bulunduğu belirtiliyorsa da, bunların yerini tam olarak belirleyen hiçbir kanıt yoktur.

Günümüzde İstanbul'un kullanılabilir en eski yapısı olan Küçük Ayasofya Camii ya da eski adıyla Ss. Sergius ve Bacchus Kilisesi, 527–536 yılları arasında inşa edilmiştir. Yapının inşaatı hakkında kaynaklarda rastlanan efsaneye göre (Millingen–1912) I. Anastasyus devrinde I. Justiniaunus ve amcası I. Justinos, İmparator Anastasyus aleyhinde bir ayaklanmaya adları karıştığı için idama mahkûm edilirler. Hüküm yerine getirilmeden bir gece önce, çifte azizler Ss. Sergius ve Bacchus, İmparator Anastasyus'un rüyasına girip I. Justinos ve I. Justinianus lehinde tanıklık ederler. Bu olaydan etkilenen imparator onları affeder. I. Justinianus tahta çıkıp imparator olduğunda, çifte azizlere karşı şükran borcunu ödemek için adak kilisesi olarak Ss. Sergius ve Bacchus Kilisesi'ni yaptırır.

Yaklaşık bin yıla yakın bir süre kilise olarak hizmet veren yapı, İstanbul'un fethinden sonra 1504'te II. Beyazıt devrinde Kapı Ağası Hüseyin Ağa tarafından camiye çevrilmiştir. Yapı, başkent Konstantinopol'da merkezî planlı, birinci dönem Bizans kiliselerinin tipik örneklerindendir. Düzgün olmayan dikdörtgen planlı kilisenin batısında narteks kısmı, doğusunda da yarım altıgen biçimindeki apsis kısmı yer alır. Dikdörtgenin içine yerleştirilmiş olan sekizgen planlı orta mekân, köşelerinde "eksedra" denilen yarım daire biçimli nişlerle genişletilmiştir. Bu orta mekânın köşelerine, çokgen biçimli ayaklar ile apsis hariç, aralarına ikişer sütun yerleştirilerek orta mekân ile apsis arasında bir mekân bütünlüğü sağlanmıştır. Bu yapı, plan şeması bakımından; Ravenna, St. Vitale, Aachen, Aix Le Chapella ve Basra Bacchus kiliseleri ile benzer özelliklere sahip olmasına rağmen, üçüncü boyutta tamamen farklıdır.

Orta mekân üzerinde köşelerindeki sekiz büyük ayak ile taşınan 16 dilimli bir kubbe yer almaktadır. Bu dilimlerin sekizi düz, sekizi de iç bükey olup düz dilimlerde çekme gerilemelerinin etkisinde kalan alt kısımlarda bu etkiyi kaldırmak için kemer biçimli pencereler açılmıştır. Orta mekândan dikdörtgen forma geçişi sağlayan koridorların üstü tonozlarla geçilerek üst katta galeri şeklini alır. Galeri katında eksedraların üstü üç kemerle taşınan yarım kubbelerle geçilmiştir.

Kilisenin yapıldığı dönemde iç duvarların eş zamanlı yapılarda olduğu gibi mozaiklerle süslü olduğu sanılmaktadır. Ancak günümüzde bunu doğrulayan hiçbir kanıt yoktur. Yapının iç yüzeyi tamamen sıvalıdır. Yapıda, Bizans dönemine ait tek süsleme, orta mekânın etrafında galeri katı seviyesinde, çok ince bir işçiliğe sahip üzüm salkımı ve yaprağı motiflerinden oluşan bir arşitravdır. Buna göre yapının putperestlik devrinde, şarap tanrısı Bakus adına yapılmış olan bir tapınağın yerine inşa edildiği ve adındaki Bacchus'un da buradan geldiği iddia edilmektedir.

THE MOSQUE of LİTTLE ST. SOPHIA
(The Church of St. Serge and St. Bacchus)

The mosque of "Little St. Sophia" lies in the Eminönü district between Cankurtaran and Kadirga, approximately 20 meters from the Marmara seawalls to the south. Some sources say that it was connected to a church named The Church of St. Peter and St. Paul, which was close to the nearby Hormidas Palace, known as the "Big Palace," but there is no reliable evidence as to where this church was.

The Little St. Sophia mosque is the oldest building in use in İstanbul today. Constructed during the years 527-536, its old name was the Church of St. Serge and St. Bacchus. There is a legend concerning the building of the church (Millingen, 1912). In the reign of Anastasios, there was an uprising against the emperor. Justinius and his uncle Justinos were accused of involvement and sentenced to death. The night before the execution Emperor Anastasios had a dream in which St. Serge and St. Bacchus testified in defense of Justinos and Justinius. Influenced by his dream, the emperor pardoned them. Later when Justinius came to throne, he kept his vow of gratitude and had the church of St. Sergius and St. Bacchus built.

Serving as a church for 1000 years, after the conquest of İstanbul it was converted into a mosque during the reign of Beyazıt II in 1504 by Hüseyin Aga, chief of the agas who guarded the Bab-I Saadet Gate.

The church is a typical example of early Byzantine church design. The plan consists of an irregular rectangle with the narthex to the west and the hexagonal abscissa to the east. Inside the rectangle is an octagonal central area, widened by semi-circular niches, called "excedra", in the corners. Between the polygon feet in the corners of this central area and the abscissa are two columns, achieving wholeness between the abscissa and the central area. Although the plan resembles the churches of Ravenna, St. Vitale, Aachen, Aix Le Chapella and Basra Bacchus, little St. Sophia is quite different.

Above the central area is a 16-sectioned dome held up by eight large supports in the corners. Eight of the sectors are straight; eight are curved inward, with arched windows on the lower part to counterbalance the pull of the straight sectors. An arched rectangular corridor leads off the central area with a gallery on the upper level. Above the gallery floor are three half-domes supported by three arches.

It is assumed that the interior walls of the church were once decorated with mosaics in the fashion of other churches of the era. However, no signs remain today. The interior surfaces are completely plastered over. The only decoration left from Byzantine times is a delicate painting of a cluster of grapes and leaves. This indicates that the building was constructed as a temple to the god of wine, Bacchus, in the time of idolatry, thus the name Bacchus.

ZEYREK CAMİİ (PANTOKRATOR)

Molla Zeyrek Camii olarak da bilinen Pantokrator, bugüne kalabilmiş önemli Bizans kiliselerinden biridir. Fatih Sultan Mehmet zamanında camiye dönüştürülen bu yapının tarihi 12. yüzyılın ilk çeyreğine dek uzanıyor. Günümüzde oldukça harap haldeki kilise, aslında üç kilisenin bir araya gelmesinden oluşuyor.

Üç kilise bir arada, İstanbul'da Ayasofya'dan sonra ayakta kalan en büyük kiliseyi oluşturur. Kompleksi ve ilk inşa edilen güneydeki Pantokrator'u, II. Komnenos'un karısı İmparatoriçe Eirene yaptırdı. Eirene'nin ölümünden sonra imparator kocası burada bir kilise daha yaptırmaya karar verdi ve Pantokrator kilisesinin birkaç adım kuzeyinde Meryem'e adadığı bir kilise daha inşa ettirdi.

Böylece birbirine çok yakın iki kilise ortaya çıkınca, İmparator Komnenos bunları birleştirmeye karar verdi ve aralarına, bu üçlünün en küçüğü olan üçüncü şapeli yaptırdı. İoannis Komnenos, bina tamamlandıktan sonra bir de son narteks yaptırmıştır. Bu, kilisenin cephesi boyunca uzanıyordu ama, şimdi tuhaf bir biçimde binanın ortasında kalıyor. Kiliseye buradan girilir. Kuzeydeki ve güneydeki kiliselerin narteksleri ortadaki şapelin de önünü kapayarak ortada buluşur. Güneydeki kilisenin üç apsisi vardır. Eski sütunların yerine Osmanlı döneminde payeler konmuştur. Yunan haçı planı açıkça bellidir. Mermer döşeme ve duvar kaplamalarının çoğu durmaktadır.

Ortadaki şapel aynı zamanda Komnenosların aile mezarı olmak üzere tasarlanmıştır. Burada mezarın yeri hâlâ görünür durumdadır. Orta şapel küçük olduğu için onun yan nefleri yoktur, apsiti de tektir. Buna karşılık, biri kilisedeki en büyük kubbe olmak üzere, iki kubbesi vardır. Kuzeydeki şapelde de

ZEYREK MOSQUE (THE CHURCH OF THE PANTOCRATOR)

The Church of the Pantocrator, known as Molla Zeyrek Mosque, is an important ancient Byzantine church. Converted into a mosque at the time of the Conqueror, Fatih Sultan Mehmet, the construction of this building dates back to the first quarter of the 12th century. Today it is in a sadly neglected state.

The church is actually three churches in one, which made it the second largest church in Istanbul after St. Sophia. The first of the three churches to be built was the Pantocrator to the south. It was commissioned by the Empress Eirene, wife of Emperor Comnenos II. After her death, her husband decided to build another church here, and a church named Mary was constructed a few strides away. Thus there were two churches very close together. Emperor Comnenos decided to unite the two and between them he had a chapel built, the smallest of the three.

After the chapel was finished, Inoannis Comnenos had a narthex built last. This was most probably done to extend the front of the church, but now it stands strangely in the middle of the building. It is here that one enters the church. The narthex of the southern and northern churches close off the front of the chapel, meeting in the middle. The north church has three abscissas. Ottomans have replaced the old columns with 'paye'. The plan of the Orthodox cross is obvious. Much of the marble flooring and wall covering remain.

The chapel in the center was planned to serve as a mausoleum for the Comnenos dynasty, and the place of the tomb is apparent today. Being so small, the middle chapel has no side naves and only one abscissa, but it has two domes, one of which is the largest of the church. The interior

eski sütunların yerini payeler almış, iç süsleme ise tamamen ortadan kalkmıştır. Üç kilise birleştirilince, aradaki duvarlar yer yer yıkılarak tek bir mekân elde edilmiştir. Binanın bütünü, Fatih zamanında camiye çevrilmiş olmakla birlikte, günümüzde yalnız güney kısmı cami olarak kullanılmaktadır. Fatih Sultan Mehmet İstanbul'un fethinden sonra, kendi camisini ve külliyesini yaptırıncaya kadar, Pantokrator'un ayakta kalmış binalarını medreseye çevirdi. Medresenin başına da o dönemin önemli bilginlerinden Zeyrek Mehmet Efendi'yi getirdi. Bu nedenle bu yapı ve içinde yer aldığı semt "Zeyrek" olarak adlandırılmıştır.

decoration of the chapel has been completely obliterated and its columns were replaced by "paye". When the three churches were united, the walls were torn down to make a single space. At the time of the Conqueror the whole church was converted into a mosque. Now, however, only the north part is used as a mosque. After the conquest of Istanbul, before Fatih Sultan Mehmet built his own mosque complex, the standing buildings of the Pantocrator were made into a medressa. An important scholar of the time, Zeyrek Mehmet Efendi, became its director. Therefore both the building and the district are called "Zeyrek."

KARİYE

Kariye (Chora) Kilisesi, VI. yüzyıla uzanan bir geçmişe sahiptir. Günümüze ulaşmış hâli Osmanlı döneminde ve XX. yüzyılın ikinci yarısında geçirdiği onarımların sonucudur. Kilise, manastır kompleksinden geriye kalan tek kalıntıdır. Kurtarıcı İsa Mesih'e adanmıştır. İlk önce, manastır olarak 534 yılında Justinianus döneminde Aziz Theodius tarafından yapılmıştır. XI. yüzyılda I. Aleksios'un kayınvalidesi Maria Doukaina tarafından yeniden inşa ettirilmiştir. 1204–1261 yıllarındaki Latin istilasında harap olan manastır, Theodoros Metokhites tarafından XIV. yüzyılda onarılmıştır. Narteks ve parekklesion bu dönemde yapıya eklenmiştir.

Yapının önemi, İmparatorluğun, Haliç kıyısında, surlara yakın bir yerde konumlanmış olan Blackhernai Sarayı'na taşınmasıyla artmıştır. 1296'daki büyük depreme dayanan bina, Fatih Sultan Mehmet'in İstanbul'u almasının ardından 1511 yılında camiye dönüştürülmüştür.

KARIYE CAMII (The church of Khora)

The Kariye Church has a past dating back to the 6th century. Its present state is the result of restoration done in the Ottoman period and in the second half of the 20th c. The church is the only remaining part of a monastery complex, dedicated to Jesus Christ, the Messiah. It was constructed first as a monastery in 534 by St. Theodius in the time of Justinanus. In the 11th c. it was reconstructed by Maria Doukaina, mother-in-law of Aleksios I. Left in ruins after the Latin invasion in the years 1204-1261, the monastery was restored by Theodoros Metokhites in the 14th. c. The narthex and parecclesion (side church) were added during this period.

Mozaik ve freskler cami olduktan sonra tahta kepenklerle ya da boya ile örtülmüştür. 1948'den 1958'e kadar Amerikan Bizans Enstitüsü'nün yaptığı çalışmalar sonunda tüm mozaik ve freskler ortaya çıkarılmıştır. Yapı 1948'den bu yana da Kariye Müzesi olarak hizmet vermektedir. Dış köşesindeki minare ve içerde güneydoğu köşesindeki mihrap dışında, hiçbir İslami unsur taşımamaktadır.

Kariye Kilisesi, tek minareli tipik bir Bizans yapısıdır. Dışarıdan tuğla duvarlarıyla oldukça sade görünmekle birlikte içi en süslü kiliselerden biridir. Güney cephede uzanan dar, uzun, tek nefli bir şapel olan parekklesion bir bodrum üzerine yapılmıştır. Üstü kısmen kubbe, diğer kısımları tonozla örtülüdür. Tek apsiti vardır. Bütün batı cephesi boyunca uzanan dış narteks bugünkü cepheyi oluşturur. Yapının orta mekânını örten kubbe yüksek kasnaklıdır. Osmanlı döneminde onarım görmüş olup ahşaptır. Dış cephelerde yuvarlak kemerler, yarım payeler, nişler ve taş tuğla örgü sıraları ile plastik ve hareketli bir görünüm sağlanmıştır. Doğu cephesi dışa taşkın apsitlerle bitmektedir. Orta apsit dıştan yarım kemerli bir payanda ile desteklenmiştir. Bu payanda, gotik mimarlıkta yaygın olarak kullanılan bir destek öğesidir. Haç tonozların, yük etkisiyle sütun, paye gibi taşıyıcı destekleri iterek yıkılmalarını önleme amaçlıdır. Yarım kemer biçimlidir, dıştan destek sağlar.

Esas ibadet mekânı işlevini gören naos, yapının merkezinde yer alır ve pandantifler ile geçilen bir kubbeyle örtülüdür. Naosun doğu uzantısı, sunak masasının yer aldığı bema ya da kutsal mekândır. Bema'nın iki yanında pastoforium yer alır. Şükran ayininin hazırlandığı kuzey şapel (prothesis), giyinme odası olarak kullanılmıştır ve güney şapel "diakonikon" olarak adlandırılır. XIV. yüzyıldan itibaren diakonikon, özel şapel işlevi görmüştür.

İki katlı kuzey ek bölüm, naosa birleşir. Geçiş niteliğindeki alt katı giyinme odası olarak kullanılmış olabilir. Manastır kütüphanesini barındıran ve naosa bir pencere ile açılan üst katı, büyük olasılıkla, kurucunun çalışma mekânıdır.

Batıda, mozaiklerle süslü iki geniş narteks yer almaktadır. Özgün planında güneybatı köşesinde bir çan kulesinin yer aldığı dış narteks, kapının bulunduğu revaklı cephesi ile dışa açılır. Nartekslerde mozaikler, mermer kaplamalar ve kabartmalar görünmektedir. Ek şapel konumundaki "parekklesion", mezar şapeli işlevini görmüştür. Buradaki fresklerin hemen hemen tümü korunmuştur. Parekklesionla naos arasında tamamlanmamış depo ve muhtemelen keşiş odası olarak kullanılan özel bölümü bağlayan geçit bulunmaktadır. Özel bölüm naosa bir pencere ile açılmaktadır.

The importance of the complex was increased when the emperor moved to Blackhernai Palace on the shore of the Golden Horn near the city walls. The church survived the great earthquake of 1296. After the conquest of Istanbul it was converted into a mosque in 1511. The mosaics and frescoes were boarded up or painted over at this time. Between the years 1948-1958 all the mosaics and frescoes were restored by the American Byzantine Institute. As of 1948, the building has been open as the "Kariye Museum." Except for the minaret at the outside corner and the mihrap in the inside southeast corner, there are no remaining Islamic elements.

The Kariye Church was a typical Byzantine construction. From the outside with its brick wall it appears very plain, but actually it is one of the most decorative churches. On the southern side the long, narrow single-nave chapel of the parecclesion is built above a basement floor. The upper part is partly domed, partly arched. There is a single abscissa. The outer narthex stretching along the whole western --facades-- makes up today's front. The dome covering the central area of the building has high sectors made of wood, having been repaired in Ottoman times. The circular arches, half-buttresses, and rows of bonded brick give the outside appearance a fluid and lively appearance. The eastern facade ends with abscissas leaning outward. The middle abscissa is supported from outside by an arched buttress. Buttresses were frequently used as support in Gothic architecture, to keep the cross, the vaults, the columns and other supporting elements from falling inward from the weight they carry. In the shape of a half-arch, they support from outward.

The true place of worship is the naos (inner shrine) in the center of the church covered by a dome. In the eastern part of the naos is the bema, or sanctuary, where the altar is located. On both sides of the bema are "pastoforium." Used to prepare for prayers of thanksgiving, the north chapel is called the "prothesis," Used as a dressing room, the south chapel was called the "diakonikon." From the 14th century on the diakonikon chapel served as a private chapel.

A two-storied additional section connects with the naos. The bottom floor was used as a passageway and could also be used as a dressing room. The top floor held the monastery library and has a window which opens into the naos. It was most probably used as an office by the founder.

To the west there are two wide narthex decorated with mosaics. In the southwest corner where originally a bell tower stood, there is an outer narthex with an arched doorway opening to the outside. There are mosaics, marble overlay and decorations in the narthex. The parecclesion at the site of the additional chapel functioned as a tomb chapel. Where practically all the frescoes have been preserved. Between the parecclesion and the naos is a passageway that leads to an unfinished storage room and a room used most probably by monks. This special section has a window which opens into the naos.

ΙC
Η ΧΩΡΑ
ΧC
ΤΩΝ ΖΩΝΤΩΝ

İstanbul lalesiyle buluşuyor!

GALATA KULESİ

Galata Kulesi, 1384 yılında Galata denen Ceneviz kolonisinin surları arasındaki en yüksek noktaya yapıldı. Galata Kulesi, Osmanlı'nın ilk dönemlerinde, yeniçeriler tarafından kullanılıyordu. Kule XVI. yüzyılda, Kasımpaşa'daki donanmada tutsakların barındırıldığı yerdi. II. Selim döneminde (1566–1574) Galata Kulesi, asıl gözlemevi Pera'da olan Türk Astronomu Takiuddin tarafından yenilenerek gözlemevi olarak kullanıldı. Daha sonraki yüzyılda II. Mustafa döneminde (1695–1703) Şeyhülislam Feyzullah Efendi bir Cizvit papazı ile birlikte kulede bir gözlemevi kurmaya çalıştıysa da bu çabaları 1703 yılında öldürülmesiyle yarım kaldı.

Galata Kulesi, Osmanlı döneminde, çeşitli sebeplerle, özellikle 1794 yılındaki (III. Selim dönemi) Büyük Galata Yangını nedeniyle II. Mahmut tarafından 1832'de yeniden yaptırıldı. Kulenin konik tepesi 1875 yılında bir fırtınada uçtu ve daha sonraki restorasyon sırasında yenilenmedi. Bundan sonra Kule 1964'e kadar yangın kontrol istasyonu olarak kullanıldı ve 1967'de turistik hizmete açılana kadar yenileme için kapalı kaldı. Bu yenileme sırasında Osmanlı döneminde yapılan değişiklikler de göz önüne alınarak, Cenevizliler dönemindeki yapıya daha uygun olması için, konik tepe tekrar eklendi.

Önce Byzantium, Osmanlı fethine kadar Konstantinopolis adıyla bilinen İstanbul, güneyde Marmara Denizi, doğu açıklarında Boğaz, kuzeyde ise Haliç'in çevrelediği tarihî yarımada üzerinde kurulmuştur. Galata, tarihî yarımadaya Haliç'in karşı kıyısından bakan, eski dönemlerde Cenevizlilerin yaşadığı bir mevkidir. Galata Kulesi, eski devirlerden beri "Galata" adıyla anılan bu mevkinin çevresinde Galata'yı korumak amacıyla yapılmış tahkimatın bir parçasıdır. Fetihten sonra, depremler ve başka nedenlerle zaman zaman hasar gören Kule'ye bugünkü şekli II. Mahmut döneminde yapılan onarımda verilmiştir.

Başlangıçta, Cenevizlilerin savunma amaçlı olarak inşa ettikleri Kule XVI. yüzyılda tersanede çalıştırılan esirlerin barınağı olarak kullanıldı. XVIII. yüzyılda Galata Kulesi'ne, gece yarısını haber vermekle görevli bir mehterhane ocağı yerleştirildi. Kule, 1874'ten itibaren yangın gözetleme ve haber verme mevkii olarak kullanılmaya başlandı. 1967 yılında tamir ettirilen Kule'nin üst katı halen lokanta olarak kullanılmaktadır.

Galata Kulesi'nin iç çapı, zemin katında 8.95 metre, duvar kalınlığı 3.75 metre, zemin katında dış çapı 16.45 metre, Kule'nin yüksekliği ise 60 metredir.

GALATA TOWER

The Galata Tower was constructed in 1384 on the highest point of the ramparts surrounding the Genoese colony, known as Galata. In the early times of the Ottomans, the tower was used by the Janissary corps. In the 16th century prisoners from the fleets were kept here. During the reign of Selim III (1566-1574) the Turkish astronomer Takiuddin renovated the tower and used it as an observation center. In the following century during reign of Mustafa II (1695-1703) Şeyhülislam Feyzullah Efendi, together with a Jesuit priest, tried to set up a place for observation on the tower, but his effort was cut short by his murder in 1703.

The Galata Tower was rebuilt in 1832 by Mahmut II, for various reasons, mostly because of the great Galata fire in 1794, during the reign of Selim III. The conical top of the tower was blown away by a storm in 1875 and was not replaced in subsequent renovations. Until 1964 the tower was used as a fire control station and was closed until renovation in 1967. During the renovation, while keeping the Ottoman changes in mind, the conical top was replaced as it was considered more fitting to the Genoese construction of the original tower.

Surrounded by the Marmara Sea to the south, the straits of the Bosphorus to the east, the Golden Horn to the north, İstanbul, formerly Byzantine, then Constantinople until the Conquest, was founded on an historical peninsula. Galata, across from the shores of the Golden Horn, was the area in which a Genoese colony lived in ancient times. The Galata Tower was a part of the fortification of the area called Galata. Devastated by earthquakes and other disasters over the years, the tower takes its shape today from repairs done during the reign of Mahmut II.

At first used for defense, the tower was then used for prisoners of war who worked in the factories in the 16th century. In the 18th century it became a lodge for Mevlevi Dervishes whose duty was to announce the hour of midnight. From 1874 on, the tower was used as a fire observation station. Repaired in 1967, the top floor of the tower is used as a restaurant today.

The diameter of the bottom floor is 8.95 meters; the wall is 3.75 meters thick; the outer diameter is 16.45 meters. The tower is 60 meters high.

KIZ KULESİ

Kız Kulesi'nin mimari yapılanması M.Ö. 341 yılına kadar uzanır. O dönemlerde Boğaz'ın çıkıntısı olan bu burnun daha önce yarımada olduğu ile ilgili rivayetler vardır. Yarımada başlangıçta "Vus" adı ile anılırdı. O tarihlerde Komutan Chares'in eşi için mermer sütunlar üzerine yapılan bir anıt mezar kimliğinden sonra, M.Ö. 410'da

TOWER OF LEANDER

The building of this tower dates as far back as the year 341 B.C. At the time, the headland on which the tower stands, called "Vus," was at the mouth of the Bosphorus (It was rumored to have once been a peninsula).

Sarayburnu'nun bulunduğu yerden, kulenin bulunduğu adaya zincir gerilerek Boğaz'ın giriş ve çıkışlarını kontrol eden bir gümrük istasyonu haline getirilir. M.S. 1110'lara gelindiğinde ise ilk belirgin yapı (kule), İmparator Manuel Comnenos tarafından inşa ettirilir. Savunma kulesi olarak inşa ettirilen bu yapı "Küçük Kale" anlamına gelen "Arcla" adını alır. Bu yapı ile ilgili net bilgiler olmamakla birlikte, bugünkü boyutlarına yakın olduğu düşünülmektedir. İstanbul'un fethi sırasında savunma amaçlı olarak kullanılan Kule, 1453 yılından sonra çok farklı amaçlarla kullanılmıştır. Osmanlı döneminde savunma kalesi olmaktan çok, bir gösteri platformu olarak kullanılmış ve mehterler burada, adaya yerleştirilen topların atışları ile birlikte nevbet (bir çeşit istiklal marşı) okumuşlardır. 1509 depreminde zarar gören yapı, daha sonraki yıllarda tekrar inşa ettirilir. Bunun dışında ilave edilen fenerle de gemilere yol gösterme işlevi kazanır. O dönemde inşa edilen yapı, kule ve kale olarak iki ayrı bölümden oluşmuş ve içine sarnıç yapılmıştır. 1719 yılında fenerden çıkan alevle yanan Kız Kulesi, 1725 yılında şehrin Baş Mimarı Nevşehirli Damat İbrahim Paşa tarafından tekrar onarılır. Kule kısmı biraz değiştirilerek üst tarafa camlı bir köşk ve onun üzerine de kurşunla kaplı bir kubbe yerleştirilip bina kâgir olarak tekrar yapılır. 1830 yılında kolera salgınının şehre yayılmaması için karantina hastanesine dönüştürülür. Osmanlı İmparatorluğu'nun çöküş devrine girmesi ile tekrar savunma kalesi olarak kullanılmaya başlanır ve toplarla donatılır. Ünlü hattat Rakım'ın yazısı ile kapısının üzerindeki mermere Sultan II. Mahmut'un tuğrasını taşıyan kitabe yerleştirilir. 1857'de tekrar fener ilave edilir ve 1920 yılında fenerin lambası otomatik ışıklanma sistemine kavuşur.

İstanbul'un simgesi olan Kız Kulesi'yle ilgili ilk efsane Latin ozan Ovidus tarafından kaydedilen efsanedir. Buna göre genç Leandros, Afrodit'in rahibelerinden Hero'ya tutulur ve her gece yüzerek sevgilisiyle buluşur. Kız Kulesi iki gencin gizli aşkına ve yasak sevişmelerine tanıklık eder. Leandros'un yüzerek Kule'ye geldiği fırtınalı bir gece Hero'nun yaktığı fener söner. Karanlıkta yolunu kaybeden Leandros, Boğaz'ın karanlık sularında boğulur. Sevgilisinin öldüğünü anlayan Hero, Kız Kulesi'nden atlayarak intihar eder.

Yine başka bir efsaneye göre; bir krala çok sevdiği kızının 18 yaşına geldiğinde bir yılan tarafından sokulup öldürüleceği kehanetinde bulunulmuştur. Bunun üzerine kral denizin ortasındaki bu Kule'ye kızını yerleştirir. Fakat kaçınılmaz olan kader sonucu Kule'ye gönderilen bir üzüm sepetinden çıkan zehirli yılan prensesi sokarak öldürür. Kral, kızını demir bir tabut içinde Ayasofya'nın giriş kapısı üstüne koydurtmuştur. Halen bu tabutun üstünde iki delik vardır.

Yüzyıllar boyu hep efsaneler ile anılan bu kule, 2.500 yıl sonra yapılan tadilat sonucu günümüzde restoran, bar, kafe ve hediyelik eşya satan bir kompleks olarak kullanılmaktadır.

Commander Chares built a monumental tomb resting on high marble columns for his wife there. In 410 B.C. a chain was stretched from this island to what is now Sarayburnu in order to control the traffic of ships through the Bosphorus, thus becoming a customs office.

The first distinctive tower was built in 1110 by the Byzantine Emperor Manuel Comnenos. It was a defense tower and was called "Arcla," which means "Little Tower." Although not much is known about this tower, it is thought to have been about the same size as the present tower. It was used for defense during the conquest of İstanbul, after which it was used for various purposes. In Ottoman times the tower was used for performances. The Janissary band would shoot off cannons here and then sing a kind of national anthem in unison. Damaged by an earthquake in 1509, the tower was rebuilt in later years. A lantern was added to light the way for ships. At that time the building was divided into two parts--the castle and the tower, with a cistern inside.

In 1719, a fire was ignited by a flame from the lantern, and the tower burned. The city's top architect at the time, Damat İbrahim Pasha from Nevşehir, repaired it in 1725. The tower was somewhat altered, with the top part becoming a glassed kiosk covered by an iron-coated dome, It was made of stone. During a cholera epidemic in 1830, the tower was used as a quarantine hospital. In 1857 a lantern was added again, and in 1920 it was changed to an automatic lighting system. The signature of Sultan Mahmut II is engraved on the marble gate of the tower, inscribed by the famous calligrapher Rakım. With the collapse of the Ottoman Empire, the tower was again used for defense and was equipped with cannons.

The Tower of Leander, one of the symbols of İstanbul, was first written about by the Latin poet Ovid. He told the story of a youth named Leander who fell in love with one of Aphrodite's nuns, named Hero, who lived in this tower. Every night he would swim to meet his sweetheart. The tower was a witness to the secret romance of these young people and their forbidden love. One stormy night, Hero's light in the tower went out, and Leander, loosing his way in the dark waters of the straits, drowns. When she hears of her lover's death, Hero jumps to her death from the tower.

Another story is told of a king who had been warned that his beloved daughter would die of a snake bite at the age of 18. Hoping to prevent this fate, the king had a tower built in the middle of the sea and put his daughter there. But inescapable fate sent a poisonous snake to the tower in a grape basket. The princess was bitten and died. The king had a coffin made for his daughter and placed it above the door of St. Sophia. There are still today two holes on top of the coffin.

This 2500-year-old tower, the subject of legends for centuries, presently has been transformed into a complex which includes a restaurant, bar, café, and souvenir shop.

YEREBATAN SARNICI

İstanbul'un görkemli tarihî yapılarından biri de Ayasofya'nın güneybatısında bulunan Bazilika Sarnıcı'dır. Bizans İmparatoru I. Justinianus (527–565) tarafından yaptırılan bu büyük yeraltı sarnıcı, suyun içinden yükselen ve sayısız gibi görülen mermer sütunlar nedeniyle halk tarafından "Yerebatan Sarayı" olarak adlandırılmıştır.

Sarnıcın yerinde daha önce, Genç Roma çağında, muhtemelen III.- IV. yüzyılda yapılmış olan, ticari ve hukuki işlerde, bilim ve sanat faaliyetlerinde kullanılan büyük bir bazilika bulunuyordu. 476 yılında çıkan bir yangında tamamen harap olduktan sonra İlius tarafından yeniden yaptırılan bazilika tekrar bir yangın felaketine uğramıştır. 532 yılında şehri kasıp kavuran Nika İsyanı'nda, bazilikanın mermer heykeli vardı.

İsrail hükümdarı I. Basilius (867–886) tarafından Hz. Süleyman'ın kendi adına Kudüs'te yaptırdığı mabet, yeryüzünde Ayasofya'ya gelinceye kadar yapılmış olan mabetlerin en güzeli, en muhteşemi olarak biliniyordu. Daha sonra İmparator Basilius'un sözü geçen heykeli eridikten sonra, kendi heykelini koydurduğu söylenmektedir. İmparator Justinianus 532 yılında 7000 köle çalıştırarak yangına uğramış olan büyük bazilikanın yerine bu sarnıcı inşa ettirmiştir. Sarnıç, ismini yakınındaki İlius Bazilikası'ndan almıştır. Bazilika Sarnıcı'nın suyu, İmparator Valens tarafından 368 yılında yaptırılan 971 metre uzunluğundaki Valens (Bozdoğan) Kemeri ile imparator Justinianus'un yaptırdığı 115,45 metre uzunluğundaki Mağlova Kemeri yardımıyla şehre 19 kilometre uzaklıktaki Belgrat Ormanlarındaki Eğri Kapı Su Taksim Merkezi'nden getirilmiştir.

Bazilika Sarnıcı'nın planını XX. yüzyıl başında Alman denizaltıcıları çıkarmıştır. Buna göre uzunluğu 140 metre, genişliği 70 metre, dikdörtgen biçimde dev bir yapıdır. 52 basamaklı taş bir merdivenle inilen bu sarnıcın içerisinde her biri 9 metre yüksekliğinde 336 sütun bulunmaktadır. Birbirine 4.80 metre aralıklarla dikilen bu sütunlar, her sırada 28 tane olmak üzere 12 sıra meydana getirirler. Suyun içerisinden yükselen bu sütunlar, uçsuz bucaksız bir ormanı hatırlatmakta ve ziyaretçiyi Sarnıc'a girer girmez etkilemektedir. Sarnıc'ın tavan ağırlığı, haç biçiminde tonozlar yuvarlak kemerler vasıtasıyla sütunlara aktarılmıştır. Çoğunluğu daha eski yapılardan toplandığı anlaşılan ve çeşitli mermer cinslerinden, granitten yontulmuş sütunların büyük bir kısmı tek parçadan, bir kısmı da üst üste iki parçadan oluşmaktadır. Bu sütunların başlıkları farklı özellikler taşır. Bunlardan 98 adedi Corinth üslubunu yansıtırken bir bölümü de Dor üslubunu yansıtmaktadır. Sarnıc'ın tuğladan örülmüş 4.80 metre kalınlığındaki duvarları ve tuğla döşeli zemini Horasan harcından kalın bir tabakayla sıvanarak su geçmez hale

THE CISTERN BASILICA

One of the most marvelous historical structures of İstanbul is the Cistern Basilica, located at the southwest of St. Sophia. Built by Emperor Justinian (527-565) the seemingly countless columns rising from the water of this underground cistern have given it the name "Underground Palace."

In the era of the "Young Rome," probably in the 3rd or 4th century, there was a big Basilica where the cistern is now, used as a trade and law center and for science and art projects. Apparently there was a marble statue of the Basilica, which was completely destroyed by fire in 476, rebuilt by Ilius, again, suffered a fire disaster, and withered under the Nika rebellion.

The Temple of Solomon, built in Jerusalem by the ruler of Israel, Basilius I (867-886), was known as the most beautiful, most magnificent place of worship in the world until St. Sophia was constructed. It is said that Basilius had the sculpture of the Basilica melted down and his own statue put in its place. After the fire of 522 Emperor Justinian, using the labor of 7000 slaves, had a cistern built. The name of the cistern came from the nearby Basilica of Ilius. The water for the cistern was brought from the Belgrade Forest, 19 kilometers away from the city, by means of aqueducts constructed by the Emperor Valens in 386, and added to by the Emperor Justinianus.

The plan for the cistern was extracted by German seamen in

getirilmiştir. Toplam 9.800 metrekarelik bir alanı bulunan bu Sarnıç yaklaşık 100.000 ton su depolama kapasitesine sahiptir. Sarnıçtaki sütunların, köşeli veya yivli biçimde olan birkaç tanesi hariç, büyük çoğunluğu silindir biçimindedir. Bu sütunlar içerisinde, üzeri oyma ve kabartma halinde Tavus Gözü, Sarkık Dal, Gözyaşı şekillerinin tekrarıyla süslenmiş olanı özellikle dikkati çeker. Bu sütun Bizans devrinde "Farum Tauri" denilen bugünkü Beyazıt Meydanı'nda kalıntıları bulunan IV. yüzyıla ait büyük Theodesiusun (379–395) zafer takındaki sütunların benzeridir.

Sarnıc'ın orta yerini geçtikten sonra, güneybatı duvarından içeriye doğru, yaklaşık 40 metre uzunluğunda, 30 metre genişliğinde düzensiz bir çıkıntı halinde görülen kısım, ağırlığı taşıyabilmesi için geçmiş yüzyıllarda yapılan onarımlar sırasında örülen duvarlardır. En uzun yerinde 9 sütun, en dar yerinde ise 2 sütun olmak üzere toplam 40 sütun bu duvarların arkasında kaldığı için görülmemektedir.

Sarnıcın kuzeybatı köşesindeki iki sütunun altında kaide olarak kullanılan iki Medusa başı, Roma Çağı heykeltraşlık sanatının şaheser örneklerindendir. Sarnıc'ın içersindeki IV. yüzyıla ait başların Genç Roma çağına ait antik bir yapıdan sökülerek getirildiği tahmin edilmektedir. Sütun kaidesi olarak kullanılmalarını açıklayan yazılı bir bilgiye rastlanmamakla birlikte Medusa heykellerinin, Sarnıc'ın inşasında salt sütun kaidesi olarak ihtiyaç olduğu için kullanıldığı görüşü, araştırmacılar arasında genel kabul görmektedir.

Medusa'yla ilgili mitolojiye göre Medusa, yeraltı dünyasının dişi canavarı olan üç gorgonadan biridir. Bu üç kız kardeşten yalnızca yılanbaşlı Medusa olumludur ve kendisine bakanları taşa çevirme gücüne sahiptir. O dönemde büyük yapıları ve özel yerleri kötülüklerden korumak amacıyla gorgona kafalarının resim ve heykelleri gibi Medusa'nın heykeli de buraya konulmuştur.

Bazilika Sarnıcı kurulduğundan günümüze kadar çeşitli onarımlardan geçmiştir. Osmanlı İmparatorluğu döneminde iki defa restore edilen Sarnıc'ın ilk onarımı XVIII. yüzyılda III. Ahmet döneminde (1723 yılında) Mimar Kayserili Mehmet Ağa tarafından yaptırılmıştır. XIX. yüzyılda gerçekleştirilen ikinci büyük onarım ise Sultan II. Abdülhamit (1876–1909) dönemine isabet eder. Sarnıc'ın ortasına doğru kuzeydoğu duvarı önünde yer alan sekiz sütun, 1955–1960 yıllarında yapılan bir inşaat sırasında kırılma tehlikesine maruz kaldığından, bunların her biri beton bir tabaka içine alınarak dondurulmuş ve bu yüzden eski özelliklerini kaybetmişlerdir.

Bizans devrinde civarda geniş bir sahayı kaplayan, imparatorların ikamet ettiği büyük sarayın ve bölgenin su ihtiyacını karşılayan Yerebatan Sarnıcı, İstanbul'un Osmanlılar tarafından 1453 yılında fethinden sonra, bir müddet daha kullanılmış ve padişahların oturduğu Topkapı Sarayı'nın bahçelerine buradan su verilmiştir. Osmanlıların, şehirde kendi su tesislerini kurduktan sonra kullanmadıkları anlaşılan Sarnıç, XVI. yüzyılın ortalarına gelinceye kadar Batılıların meçhulü olarak kalmış, nihayet 1544–1550 yıllarında Bizans kalıntılarını araştırmak üzere İstanbul'a gelen Hollandalı gezgin P. Gyllius tarafından yeniden keşfedilerek Batı âlemine tanıtılmıştır.

the beginning of the 20th century. According to this plan, it was a giant rectangular construction, 140 meters long, 70 meters wide. Reached by 52 stone steps down, the cistern contains 336 columns, each nine meters tall. There are 12 rows of 28 columns each, 480 meters apart. Rising up from the water like a vast forest, the columns affect visitors at first sight. The weight of the cistern roof is shifted to the columns by vaults and circular arches. Most of the columns were taken from older constructions made of various types of marble, chiseled granite. The majority of them are of a single piece of stone; some are two pieces on top of each other. The capitals of these columns are special: 98 of them are Corinthian-style and, some are Doric-style. The 4.80m thick walls of the cistern are of bonded brick. The brick floor has been plastered with mortar to keep the water from leaking. In total, the area of the cistern is 9800m², and it can hold approximately 100,000 tons of water. The columns are either pointed or fluted, most are cylindrical. There are various repeated motifs embossed or inlaid on the columns. They resemble the remains of a Byzantine-era ruin in today's Beyazit Square, which is said to have been a part of the Great Theodesius's (379-395) victory columns.

In the northwest corner under two columns there are two Medusa heads from Roman times, which are used as a base, or pedestal. It is thought the 4th century heads were taken from a "Young Rome" era ancient structure and brought here. There is no written evidence as to why they were used as bases, but most researchers agree that it was only because they were needed during the construction. However, Medusa was one of the Gorgons, three female monsters of the underworld in Greek mythology. Among the three sisters, only snake-haired Medusa had positive influence. She had the power to turn into stone whoever looked at her. In that era drawings or sculptures of Gorgon heads were put into big structures or special places to protect the places from evil For this reason the head of Medusa may have been placed inside the cistern.

The Basilica Cistern has undergone many repairs since its construction. The first restoration under the Ottoman Empire was in the 18th century at the time of Ahmet III(1723) by architect Mehmet Ağa from Kayseri. The second big repair was ordered by Sultan Abdulhamit II (1876-1909). Two columns toward the middle in front of the northeast wall were in danger of falling during a construction in the years 1955-1960. Left in a dangerous, desperate condition, each of them was overlaid with a coating of cement, thus ruining their old unique appearance.

During Byzantine times the cistern had provided water for the large area of the imperial palace and the district around it. After the conquest of 1453, for a time it was used to water the gardens of Topkapı Palace. Later, the Ottomans made their own water supply system and the cistern was no longer used. The cistern was unknown to Westerners until the middle of the 16th century at which time a Dutch traveler named P. Gyllins came to Istanbul to research Byzantine remains. He discovered the cistern and made it known to the Western world.

KUTSAL MERYEM KİLİSESİ (MOUCHLİOTİSSA)

Bizans kiliselerinden orijinal haliyle günümüze ulaşan Kutsal Meryem Kilisesi'nin ilginç bir öyküsü vardır: Haliç'in Balat mevkiindeki Rum Patrikhanesi'nin arkasında bulunan kilisenin X. yüzyılda yapıldığı biliniyorsa da, 1282'de Bizans İmparatoru VIII. Mikhail Palaio Logos'un gayri meşru kızı Prenses Maria tarafından yeniden yapılmıştır. İmparator, kızını Moğol Hanı Hülagü ile evlenmesi için 1265'te İran'a göndermiştir. Maria, Moğol başkentine ulaşmadan Hülagü ölünce, onun yerine oğlu Veliaht Abaka ile evlenmiştir. Moğol sarayında yaşadığı on beş yıl süresince Maria, Han ve tebaasından birçok kişinin Hıristiyan olmasına öncülük etmiştir. 1281'de Abaka, kardeşi Ahmet tarafından öldürülünce Maria Konstantinopolis'e dönmüş bir süre sonra babası onu bir başka Moğol Hanı Karabanda ile evlendirmek isteyince Maria reddederek manastıra çekilme kararı almıştır. Bunun üzerine şimdiki binayı yeniden yaptırıp ona bir manastır ekletmiş ve ikisini de Aziz Theotokos Panaghiotissa'ya adamıştır. Hayatının geri kalan kısmını burada Rahibe Melane adıyla sürdürmüş; Bizans'ta eski Moğol Kraliçesi olarak tanındığı için bu Kilise'ye Mukhliotissa (Moğolların Meryemi) denmeye başlanmıştır. Fetihten sonra Fatih Sultan Mehmet Mimar Khristodoulos'un ricasıyla cemaatin hiç bir engelle karşılaşmadan ibadetlerini yerine getirmelerini emreden bir ferman yayımlamış, sonraki sultanlar da bu hakkı devam ettirmişlerdir. Fatih ve diğer sultanların fermanları, Kilise'nin duvarında sergilenmektedir. Dolayısıyla, Kilise Osmanlı döneminde hiçbir zaman camiye çevrilmemiştir.

İçten dört, dıştan üç yapraklı yonca biçiminde yüksek bir kasnağa oturan Kilise'nin orta kubbesinin etrafı eksenler boyunca dört yarım kubbeyle çevrilidir. Hepsinin önünde üç açıklıklı bir narteks vardı. Ama Osmanlı İmparatorluğunun son döneminde, kilisenin güney tarafı yıkıldığı için, restorasyon sırasında özgün yapıya hiç uymayan dikdörtgen şeklinde bir narteks konmuştur. Yine de; kilisenin içi son derece etkileyicidir. Bizans döneminin en güzel mozaik portrelerinden biri, Theotokos Pammakaristos'un portresi görülmeye değerdir. Bu ikon, St. Nicholas Kilisesi ve St. George Patrikhane Kilisesi'nde bulunan ikonlarla benzerlik taşır. Bu nedenle hepsinin XI. yüzyılda aynı artist tarafından yapıldığı sanılmaktadır. Bu üç mozaik portreden on tanenin daha dünyanın başka yerlerinde olduğu rivayet edilmektedir.

THE CHURCH OF ST. MARY OF THE MONGOLS (MOUCHLIOTISSA)

Among the Byzantine churches, St. Mary of the Mongols is the only one that has survived in its original status until today. The church has an interesting story behind it.

Situated in Balat of the Golden Horn area behind the Orthodox Patriarchate, this church is known to have been built around the tenth century. However it was rebuilt in 1282 by Princess Maria, the illegitimate daughter of the Emperor VIII Mikhail Palaio Logos. Maria was sent to Iran in 1265 by her father to be married to the Mongolian Khan named Hulagu, who died before Princess Maria reached the Capital of Mongolia. Maria instead married the crown Prince, Abaka. During fifteen years of residence in the Mongolian Palace Maria influenced many people including the Khan himself to convert to Catholicism.

After her husband Abaka was assassinated by his brother Ahmet, Maria returned to Constantinople. In due time when her father the Emperor wanted to marry her off to Charabanda, another Mongolian Khan, Maria refused and decided to live in a convent.

Therefore, she had the church rebuilt with a monastery aside and dedicated both of them to the Saint "Theotokos Panaghiotissa". She spent the rest of her life here under the name of Sister Melane. Since she was famous as the Queen of Mongolia; the church was called "Mukhliotissa" which means St. Mary of Mongolia. After the invasion of İstanbul, Sultan Mehmet, upon the request of architect Khristodoulos, ordered a decree stating that the congregation of this church would never be disturbed in their prayers. Thus, all Ottoman Sultans followed in his footsteps, and the church was never converted into a mosque. Presently the decrees of all Sultans including Mehmet II are displayed on the walls of the church.

The church was originally quatrefoil in plan internally and trefoil externally. That is, the small central dome on high drum was surrounded by the four half domes along the axes, all but the western one resting on the outer walls of the building, which thus formed exedras. The whole area was preceded by a narthex of three bays. The southern side of the church was swept away in due time, and replaced by a rectangular narthex which is out of the line with the original building. However, the interior church is still in tact, adorned with a great art treasure of Byzantine period. Among them is a beautiful mosaic portrait of Theostokos Pammakaristos, the All-Joyous Mother of God. The obvious similarity of this icona to those of at St. Nicholas and the patriarchal church of St. George, strongly suggests that they were all done by the same artist in the eleventh century. These are the only three such mosaics which are left in the city, and there are about ten others existing in the world.

II. 1453 Sonrası Osmanlı Dönemi Camiler

II. 1453 - 1923 The Ottoman Period Mosques

SULTANAHMET CAMİİ

Türk ve İslam dünyasının en ünlü anıtlarından birisi olan Sultan Ahmet Camii, İstanbul'a gelen herkes tarafından hayranlıkla ziyaret edilir. Klasik Türk sanatının tipik örneği olan Cami orijinal olarak altı minare ile inşa edilen tek camidir. Bulunduğu yer, tarihî İstanbul şehrinin iki bin yıl önce yapılmış diğer önemli eserleri ile çevrilidir. Denizden gözüken İstanbul siluetinde, Sultanahmet Camii'nin belirgin bir yeri vardır.

THE MOSQUE OF SULTAN AHMET (THE BLUE MOSQUE)

One of the most famous monuments of the Turkish and Islamic world is the Sultan Ahmet Mosque, which enchants visitors of İstanbul. An example of classical Turkish art and architecture, it is the only mosque with six minarets. It is surrounded by two thousand year old historical monuments.

"Mavi Cami" olarak bilinen eserin asıl adı I. Sultan Ahmet Camii'dir. Esas mesleğine yakışır şekilde Mimar Mehmet Ağa, Cami'nin içerisini kuyumcu titizliği ile dekore etmiştir.

1609-1616 yılları arasında inşa edilen Cami büyük bir kompleksin içerisinde bulunurdu. Bunların bir kısmı günümüze gelemeyen sosyal ve kültürel içerikli yapılardı. Kapalı Çarşı, Türk Hamamı, Aşevi, Hastane, okullar, Kervansaray ve Sultan Ahmet'in türbesi belli başlı kısımlardır. Cami'nin mimarı, klasik Türk sanatının ulu mimarı olan Koca Sinan'ın öğrencisiydi ve caminin yapımında hocasının daha önce denediği bir planı, daha büyük ölçüde uygulamıştır. Sultan Ahmet Camii'nin esas girişi Roma devrinden kalan Hipodrom tarafındadır. Bir dış avlunun çevrelediği iç avlu ve esas mekân yüksek bir podyum üzerindedir. İç avluya açılan kapıdan ortadaki sembolik şadırvan ve etrafı çevreleyen galerilerin üzerinden, fevkalade bir harmoni ile birbiri üzerine yükselen kubbeler görülür. İçeriye açılan üç kapıdan herhangi birinden girildiğinde, dış görünüşü tamamlayan boyama, çini ve vitray camlarının zengin ve renkli süslemeleri ile karşılaşılır. İç mekân büyük bir bütündür; ana ve yan kubbeler geniş sivri kemerlerin dayandığı dört iri sütun üzerinde yükselir.

Cami'nin içini üç taraftan çevreleyen balkonların duvarları, sayıları 20.000'i aşan şahane İznik çinileri ile süslüdür. Bunların yukarısı ve bütün kubbe içleri ise boya işidir. Boya süslemelere hâkim olan renk, mavi değildi. Camiye isim olarak verilen maviye, Cami sonraki tamirlerde boyanmıştı. 1990 yılında tamamlanan son tamirde, iç dekorun koyu rengi orijinal açık renklerine döndürülmüştür. Her camide olduğu gibi, yerler halılarla kaplıdır. Ana giriş karşısında yer alan mihrap yanında, şahane oyma işçiliği olan mermer minber yer alır. Diğer tarafta ise sultanların locası balkon şeklinde görülür. 260 pencerenin aydınlattığı iç mekânı örten kubbe 23.5 metre çapında ve 43 metre yüksekliğindedir.

Yakın yıllarda tamir edilerek yeniden inşa edilen cami çarşısı, eserin doğusunda yer alır. Sultan Ahmet'in tek kubbeli türbesi ve medrese binası kuzeyde, Ayasofya tarafındadır. Yaz aylarında buradaki parkta geceleri ses ve ışık gösterileri yapılır. Sultan Ahmet Camii'ne, civardaki birçok eski abidevi yapı ve müzelerle birlikte minarelerinin klasik Türk üslubunun bir diğer örneği spiral merdivenlerle ulaşılır. Kubbeler ve minarelerin üstleri kurşunla kaplıdır, bunların uçlarındaki alemler ise altın kaplamalı bakırdan yapılmışlardır. Bu üst örtülerin tamiri icabında eskiden olduğu gibi ustalıkla yapılmaktadır.

İslam dini her Müslüman'ın günde beş kez namaz kılmasını şart koşar. Cuma günleri öğlen namazı ve bazı diğer önemli dinî günlerin namazları ise cemaat ile birlikte camide kılınır. Bunların dışındaki namazlar, vakitlerinde herhangi bir yerde kılınabilir. Camilerde toplu namazları hocalar, Kuran'dan bölümler okuyarak kıldırırlar. İbadet sırasında erkeklerle kadınların yerleri ayrıdır. Camilerde orta mekânda yalnız erkekler, arkalarında veya balkonlarda kadınlar ibadet ederler. Klasik Türk camilerinin özelliği, en kalabalık günlerde bile namaz kılan topluluğun çoğunluğunun mihrabı rahatça görmesine elverişli olmasıdır.

The Sultanahmet Mosque has a significant place in the famous silhouette of İstanbul as seen from the sea. Known as the "Blue Mosque," its real name is the Mosque of Sultan Ahmet I. Constructed to represent its true purpose, the architect Mehmet Ağa, decorated the mosque with a jeweler's care.

Built in the years 1609-1616, the mosque was within a large complex. In which there was a covered bazaar, a Turkish bath, a kitchen, a hospital, schools, a caravansaray, and Sultan Ahmet's tomb. The architect had been a student of the great architect Koca Sinan and used, on a larger scale, a plan his teacher had experimented before. The main entrance to the mosque is on the side facing the Roman-era Hippodrome. Surrounded by an outer courtyard, the inner courtyard and the building itself is on a high podium. Entering the inner courtyard through a gate, one is met by a marvelous harmony of domes rising one on top of the other above the symbolic fountain in the center of the courtyard and the galleries encircling it. From whichever of the doors one enters, rich and colorful paintings, tiles and stained glass complement the outside view. The interior is a vast area; the main and the side domes rise from wide, pointed vaults on top of four huge columns.

The walls of the balconies which encircle the inner area are decorated with more than 20,000 marvelous tiles from İznik. Those higher up and inside the dome are painted. The main color of the painted decoration was not blue. The name of the mosque comes from the blue color used in later repairs. The last repair, done in 1990, changed the color from a dark tone to its original soft tone. The floor is covered with rugs, as are the floors of all mosques. Beside the mihrab across from the main door is a beautifully worked marble minber. On the other side is the sultan's loge, shaped like a balcony. 260 windows illuminate the inside; the dome is 235 meter diameter and 43 meter high.

The market connected to the mosque was recently repaired and is located to the east. The single-domed tomb and the medressa building are to the north, on the St. Sophia side. During the summer months, Sound and Light shows are held here. Another of the elements of classical Turkish style found in the mosque and in other religious buildings and museums of the area is the spiral stairway. The domes and minarets are coated with iron, the tips of gold-plated copper. The upper coverings are repaired expertly, as in the past.

In Islam, every Moslem is required to say his prayers 5 times daily. On Fridays and other important religious days, he must go to the mosque and pray in congregation. Otherwise, he can pray anywhere at the proper times. In group prayers at the mosque the "imam" (religious leader) reads from the Koran. Women and men pray separately, women pray either behind men or at balconies above. A special feature of classical Turkish mosques is that the mihrab should be seen easily by most of the people, even on the most crowded days.

FATİH CAMİİ

Fatih Sultan Mehmet tarafından yaptırılan Fatih Camii'nin inşaatı 1467-1470 yılları arasında tamamlanmıştır. Mimarı, Sinaüddin Yusuf bin Abdullah'tır. Cami, plan olarak anıtsal bir biçimde yapılmıştır. Merkezî kubbe, iki fil ayağı ile iki sütun üzerine oturtulmuştur. Fatih Camii, 1766 yılında yaşanan bir depremden dolayı harabe haline geldiği için Sultan III. Mustafa, 1767 ve 1771 yılları arasında camiyi Mimar Mehmet Tahir Ağa'ya tamir ettirmiştir.

Cami'nin ilk inşasından bugün sadece şadırvan avlusunun üç duvarı, şadırvan, tac kapı, mihrap, birinci şerefeye kadar

THE MOSQUE OF FATIH (THE CONQUEROR)

Fatih (the Conqueror) Sultan Mehmed had the Fatih Mosque built during the years 1467-1470. The Architect was Sinaüddin Yusuf bin Abdullah. The mosque is monumental in design. A central dome rests on two elephant feet and two columns. Devastated by an earthquake in 1766, the Fatih Mosque was repaired in 1767-1771 by Architect Mehmed Tahir Ağa, commissioned by Sultan Mustafa III.

minareler ve çevre duvarının bir kısmı kalmıştır. Şadırvan avlusunda, kıble duvarına paralel olan revak, diğer üç yönden daha yüksektir. Kubbelerin dış kasnakları sekiz köşelidir ve kemerlere oturur. Kemerler genellikle kırmızı taş ve beyaz mermerlerle işlenmiş, yalnız mihverdekilerde yeşil taş kullanılmıştır. Alt ve üst pencerelerin etrafı geniş silmelerle çevrelenmiştir. Söveler mermerdendir ve gayet geniş, kuvvetli silmelerle belirtilmiştir.

Demir parmaklıklar, kalın demirden ve topuzludur. Revak sütunlarının sekizi yeşil, ikisi pembe, ikisi esmer granitten; son cemaat yerindekilerin bazıları ise Mısır granitindendir. Kaideler ve başlıklar mermerdir. Avlunun biri kıblede, ikisi yanda üç kapısı vardır. Şadırvan sekiz köşelidir. Mihrabın yaşmağı istalaktitlidir. Hücre köşeleri yeşil direkli, kum saatleri ile süslü ve üstü zarif bir taçla biter. Yaşmağın üzerinde tek satırlık bir ayet vardır. On iki dilimli olan minare, Cami ile büyük bir ahenkle birleşmiştir. Çinili levhalar son cemaat duvarının sağ ve solundaki pencere aynalarındadır.

Fatih Camii'nin ilk yapımında, cami alanını genişletmek için duvarlar ve iki ayak üzerine bir kubbe oturtulmuş ve bunun da önüne bir yarım kubbe ilave edilmiştir. Böylelikle 26 metre çapındaki kubbe bir yüzyıl boyunca en büyük kubbe niteliğini korumuştur. Cami'nin ikinci defa yapılışında payandalı camiler planı uygulanarak, küçük kubbeli sivri bir bina meydana getirilmiştir. Şimdiki durumda, merkezî kubbe dört fil ayağına oturmakta ve bunu dört yarım kubbe çevrelemektedir. Yarım kubbelerin etrafında ikinci derecede yarım ve tam kubbeler, mahfildeki ve dıştaki abdest musluklarının önündeki galerileri örtmektedir. Mihrabın sol tarafından, türbe yanından geniş bir rampa ile girilen Hünkâr mahfili ve odalar bulunmaktadır.

Minarelerin taş külahları XIX. yüzyıl sonunda yapılmıştır. Mimar Mehmet Tahir Ağa, Cami'yi tamir ettiği sırada eski camiden kalan klasik parçalarla yeniden yaptığı barok parçaları iyi bir şekilde birleştirmiştir. Cami'nin alçı pencereleri son devirlerde harap olduğundan adi çerçevelerle değiştirilmiştir. Avlu kapısının yanındaki yangın havuzunun Sultan II. Mahmut tarafından 1825 yılında yaptırıldığı bilinmektedir. Cami'nin geniş bir dış avlusu vardır. Bunun tabhaneye çıkan kapısı eski camiden kalmıştır. Fatih Sultan Mehmet ile eşi Gülbahar'ın türbeleri Cami'nin arkasındaki mezarlıktadır.

Only the three walls of the fountain's courtyard, the fountain, the crown doors, the mihrab, up to the first balcony of the minarets, and a part of the surrounding wall remain from the original construction. The qible wall of the arcade in the fountain courtyard is higher than the other walls. The outer hoops of the domes are eight sided and rest on arches. The arches are of red stone and white marble, except for the axis which are of green stone. The lower and upper windows are encircled by wide molding. The window frames are of marble and quite wide, defined by the strong molding.

The iron railing is of thick iron and is shaped like a mace. Eight of the arcade columns are green, two are pink, two are dark brown granite. Some of those in the interior court are of Egyptian granite. The bases and capitals are marble. The courtyard has three gates, one in the qible side, two on adjacent sides. The fountain has eight angles. The veil of the mihrab is of stalagmite. There are green pillars in the corners of the niches, decorated with sand clocks and delicately crowned. Above the yashmak is a one-line verse from the Koran. The twelve sectored minaret is connected to the mosque in perfect harmony. Panels of tiled paintings are on the right and left windows of the interior courtyard.

In the first construction of the Fatih Mosque, in order to make the mosque area wider a dome was raised on the walls and two pedestals; in front of this another half-dome was added. For a century this dome, 26 m. in diameter, was known as the largest dome. In the second construction it became a small-domed, narrow building, in the style of buttressed mosques. Presently, there is a central dome on four elephant feet, encircled by four half-domes. Around the half-domes are smaller halves and whole domes which conceal the galleries of the "mahfil" (elevated loge) and those in front of the outside ablution faucets. To the left of the mihrab, beside the shrine are the Sultan's loge and rooms, entered by a wide ramp.

The stone cones of the minarets were made in the late 19th century. The architect, Mehmet Tahir Aga, while repairing the mosque, took classical pieces from the old mosque and united them skillfully with newly-made baroque pieces. The window moldings of the past era were in ruins and were replaced by plain frames. The fire pool next to the courtyard gate was made by Sultan Mahmud II in 1825. The old mosque had a wide outer courtyard. The gate leading off to the hostel has remained from the old mosque. The tombs of Fatih Sultan Mehmet and his wife Gülbahar are in the cemetery behind the mosque.

SÜLEYMANİYE CAMİİ

İstanbul'un siluetini süsleyen camiler içinde en görkemlisi Süleymaniye Camii'dir. Orantılı ve muntazam dış ve iç estetiği, seyredeni büyüler. Süleymaniye Camii bir mimari şaheserdir. XVI. yüzyıl Türk-Osmanlı İmparatorluğu'nun her

SULEYMANİYE MOSQUE

The most impressive of the mosques which form the famous İstanbul silhouette is the mosque of Süleymaniye. The well-proportioned and neat esthetics of its exterior and

bakımdan gelişmiş ve ilerlemiş olduğu bir devirdir. 36 Osmanlı sultanı arasında 47 yıl ile en uzun hüküm süreni Kanuni Sultan Süleyman'dır. Bu büyük şöhretli sultan, kendi adına yaptırtacağı camiyi Koca Mimar Sinan'a havale etmiştir. Mimarlık dünyasının bir dehası olan Mimar Sinan da Cami'yi ve etrafını saran büyük kompleksi 1550-1557 yılları arasında tamamlamıştır.

Türk sanatının klasik döneminin kurucusu ve geliştireni Mimar Sinan, sanatının üstünlüğünü burada da ispat etmiştir. Cami'nin avlusunun etrafını çevreleyen büyük komplekste; okullar, Kütüphane, Hamam, Aşevi, Kervansaray, Hastane ve dükkânlar bulunur. Süleymaniye'nin dış güzelliğini seyredebilmek için, yapıdan uzakta olmak gerekir. Galata Kulesi veya Haliç Galata kıyısından Cami bütün haşmeti ile görülebilir.

Dört minaresi olan Cami'nin esas mekânını büyük bir kubbe örter. Cami'nin ana girişi, etrafı revaklarla çevrili, ortasında şadırvanı olan iç avludandır. İç mimarideki açıklık, bütünlük, ölçülü bir süsleme buranın haşmetli etkisini güçlendirir. 53 metre yüksekliğinde ve 26.50 metre çapındaki merkezî kubbeyi, fil ayağı denilen dört büyük paye taşır. Mekânın bütün elemanları uyumlu bir armoni içerisindedir. Statik bakımından da yapının dengesi kusursuzdur. Zaman içinde İstanbul'u sarsan depremler, burada tek bir çatlağa bile sebep olmamıştır. Kubbenin içi geçen yüzyıla ait olan barok üslubundadır.

Cami'nin en göz alıcı yeri mihrap duvarındaki XVI. yüzyıla ait orijinal, fevkalade renkli, Türk motifleri ile süslü vitraylardır. Gayet sade mevlithanlar balkonu ve minber yanında, yine mermerden yapılmış mihrap nişinin etrafı çinilerle süslüdür. Sultan locası, mihrabın solunda bulunur. Duvarlar Kur'an'dan alınan ayetlerle süslüdür. Bunlar Türk kaligrafi sanatının çok güzel örnekleridir. Giriş ve yan cephelerde kadınlara ayrılmış balkonlar yer alır. Girişin sağında bronz kafesli bölme XVIII. yüzyıl Türk maden işçiliğinin güzel bir örneğidir.

Cami'nin arka avlusunda Sultan Süleyman'ın çok sevdiği karısı Roksana'nın türbesi bulunur. Etrafta değişik yüzyıllarda yaşamış önemli kişilerin mezarları vardır. Süleymaniye kompleksinin bir ucunda küçük ve gayet mütevazı bir mezar bulunur. Burası 99 yıl şan ve şöhret ile yaşamış 50 yıl imparatorluk baş mimarlığı yapmış, büyük usta Mimar Sinan'ın mezarıdır. Koca Sinan çalışkan ve verimli bir mimardı; uzun yaşamı boyunca 400'den fazla eser tamamlamıştı. Kurucusu olduğu klasik Türk mimarisinin en önemli temsilcisi de oydu. Eğittiği öğrenciler diğer İslam ülkelerinde de eserler üretmişlerdi.

interior charm the beholder. The Süleymaniye mosque is an architectural masterpiece. The 16th century was in every way a period of progress for the Ottoman Empire. Of the 36 Ottoman sultans, the longest reigning was Süleyman, called the "Law-maker," for 47 years. This famous sultan assigned the task of building a mosque in his name to the great architect Koca Sinan. A genius in the world of architecture, Sinan completed the mosque and the large complex surrounding it during the years 1550-1557. Architect Sinan's mastery of Turkish art in the classical era, which he himself founded, is evident in this construction.

Within the large complex around the courtyard of the mosque are schools, a library, a Turkish bath, a kitchen, an inn, a hospital, and various shops. In order to appreciate the exterior appearance of the mosque, one must observe it from afar. It can be seen in all its glory from the Galata Tower, or from the Galata shores of the Golden Horn.

A great dome covers the mosque area. There are four minarets. The surroundings of the main entrance are enclosed by an arcade made up of three courtyards, in the center of which is a fountain. The spaciousness, wholeness, and measure of the interior strengthens the feeling of majesty. The main dome is 53 m. high, held up by four large "elephant feet". All elements of the area are in absolute harmony. The building is also perfectly balanced from the point of view of physics. Over the years earthquakes that have shaken İstanbul have never left a crack here. The interior of the dome is baroque, in the style of past centuries.

The most impressive place of the mosque is the stain glass on the walls of the mihrab (niche indicating the direction of Mecca) with its original 16th century Turkish decorative motifs in beautiful colors. Surrounding the extremely simple mevlid balcony and the marble mihrab niche beside the mimbar (pulpit) are decorative tiles. The sultan's box is located to the left of the mihrab. The walls are decorated with prayers from the Koran, They represent a lovely example of the art of Turkish calligraphy. Balconies for women are located at the entrance and front sides. To the right of the entrance is a bronze caged section, a beautiful example of 18th century Turkish metal work.

In the back courtyard of the mosque are the grand tombs of Sultan Süleyman and his beloved wife Roksana. In the surrounding area are tombs of important people from various centuries. At the far end of the Süleymaniye complex lies a very small, plain grave. This is the tomb of the great Architect Sinan, who lived in fame and honor for 99 years, serving as the empire's top architect for 50 years. Koca Sinan was an industrious and productive architect; in his long life he completed more than 400 masterpieces. He is the founder and the most important producer of classical Turkish architecture. Students taught by him went on to produce works of art in other Islamic countries.

NURUOSMANİYE CAMİİ

Eminönü ilçesinde, Çemberlitaş Anıtı'nın kuzeybatısında, Kapalıçarşı girişindedir. Külliyenin yapımına Sultan I. Mahmut döneminde (1730 - 1754), 1749 yılında başlanmış, ancak onun ölümünden bir yıl sonra 1755'te tamamlanabilmiştir. Külliyenin mimarı Sinan Kalfa'dır. Külliye barok mimariyle yapılmış Cami, Medrese, İmalathane, Kütüphane, Türbe, Çeşme ve Sebil'den oluşmaktadır. Ayrıca çevresini saran birkaç dükkan da külliyeye dahildir.

Nuruosmaniye Camii, Osmanlı cami mimarisinde çok ayrıcalıklı ve özel bir yere sahiptir. Özellikle üç boyutlu taş bezemeleriyle dünya mimarisinde bile eşi olmayan, tamamen özgün ve biricik bir barok şaheseridir. Eteği otuz iki pencere ile çevrili tek bir kubbesi vardır. Cami 174 pencere ile aydınlanır. İç bezemelerinde en göze çarpan unsur kubbesinde ve duvarlarındaki hatlardır. İki şerefeli, iki minaresi vardır. Kurşun yerine taş alemler, ilk kez bu minarelerde kullanılmıştır.

Medrese ve İmalathane, Cami'nin kuzeyinde, Kapalı Çarşı önünde avluya girildiğinde sağda yer almaktadır. Bunların konumlanışları, avlunun hilal biçiminde olmasını sağlar. Külliyenin girişi solda, Sebil ise girişin sağındandır. Çeşme ve Sebil'de de tam bir barok üslup hâkimdir. Türbe ve Kütüphane, hünkâr mahfilinin arkasında bulunur.

NURUOSMANİYE MOSQUE

This mosque is in the Eminönü district, northwest of the Çemberlitaş Monument, at the entrance to the Covered Bazaar. The complex was made in the time of Mehmet I, begun in 1749 and completed a year after his death, in 1755. The architect of the complex was Sinan Kalfa. Built in the baroque style, the complex included a mosque, a medressa, a workshop, a library, a shrine, a fountain, and a kiosk for distributing free water. In addition, there were several shops in the area connected to the complex.

Nuruosmaniye Mosque has a special place in Ottoman mosque architecture. The three-dimension stone decoration especially has no match in world architecture, being a unique baroque work of art. There is one dome with 32 windows surrounding it. The mosque is illuminated by 174 windows. The most striking elements of its interior decoration are on the dome and the walls. It has two double-balconied minarets. For the first time, stone was used instead of lead for the tips of the minarets.

The medressa and workshop are located to the north of the mosque. The Covered Bazaar when entered by the front courtyard is located on the right. These sites give the courtyard the shape of a crescent. The entrance to the complex is on the left, the water-distribution kiosk is to the right of this entrance. The fountain and the water-distribution kiosk are in a dominant baroque style. The turbe and library are behind the sultan's loge.

MİHRİMAH CAMİİ

Kanuni'nin kızı Mihrimah Sultan tarafından 1547 yılında inşa edilen Cami, kübik sadeliği ve tenasübü ile dikkat çekmektedir. Üsküdar'da Sultantepesi'nin eteğinde, hâkim bir set üzerine kurulan bu Cami, Üsküdar İskelesi'nde ve Sultan Ahmet Çeşmesi'nin karşısındadır. Son cemaat yerinin önünde iki yüzlü ve yirmi musluklu som mermerden bir şadırvan vardır. Şebekelerin göbeğinde altışar şualı küçük yıldızlar görülür. Şadırvanın mermer şebekelerinin üstünde zambak kabartmalı bir kuşak dolaşmaktadır. Cami'nin sağında ve solunda, kapıları

THE MOSQUE OF MİHRİMAH SULTAN

Süleyman the Magnificent's daughter, Mihrimah Sultan, had this mosque built across from the Üsküdar boat landing in 1547. Its cubical simplicity and symmetry attract the eye. It is built on a terraced hillside with a commanding view. In front of the interior court is a double-faced fountain made of marble with 20 faucets. In the center of the latticework of the fountain are little six-rayed stars. Above the marble lattice is a belt of embossed lilies. There are two minarets with single balconies made of wonderful hewn stone on the left and right of the mosque, the doors opening into the interior court. The leaves of the doors and windows are decorated in mother-of-pearl, ivory, and ebony. The sermon pulpit is a pretty example of

son cemaat yerine açılan muntazam kesme taşla yapılmış tek şerefli iki minaresi vardır. Cami'nin kapı ve pencere kanatları fildişi, sedef ve abanoz ile süslüdür. Vaaz kürsüsü de Türk kakmacılık sanatının güzel bir örneğidir. Kapının kanatlarına fildişi ile "Kelime-i Tevhit" işlenmiştir.

Mimar Sinan bu külliyenin Cami'sinde Ayasofya'dan esinlenmiştir. Genellikle cami girişlerinin üzerinde bulunan yarım kubbe kullanılmamıştır. Bu nedenle Cami'ye girildikten itibaren ana kubbenin altına ulaşılmaktadır. Cami'nin girişinde bulunan Şadırvan dikkat çekici güzelliktedir. Pencere kapakları ve kürsüde kullanılan ahşap üzerine kakma bezemelerle mermerden yapılan mihrap ve minber ince bir işçilik ürünüdür. Medrese Cami'nin kuzeyinde bulunmaktadır. Günümüze kadar ulaşan Medrese'nin iç mekânları yapılan müdahalelerle orijinalliğini yitirmiştir. Günümüzde sağlık merkezi olarak kullanılmaktadır. Cami ile Medrese arasında, biri Mihrimah Sultan'ın iki oğluna, diğeri ise Sadrazam İbrahim Ethem Paşa'ya ait iki türbe bulunmaktadır. Sübyan Mektebi, Cami'nin kıble yönündedir. Külliyeye ait tabhane, imarethane ve han günümüze kadar ulaşmamıştır.

İstanbul'daki en güzel dikey saat Üsküdar'da Mihrimah Camii'nde bulunur. Mermer bir levhaya çizili ve duvara demir tırnaklarla tutturulan saatin, sağ alt köşesinde Muvakkit Derviş Yahya Muhittin tarafından, yeni Merkez Camii'nde kullanılmak üzere, 1770 yılında yaptırıldığı belirtilmektedir. Kadranın üst tarafında "Eser-i Saitzade Mehmet Arif el-Memur bi Hizmetü'l-Evkat" başlığı yer almaktadır. Bu saat, Sultan I. Abdülhamit'in inşa ettirdiği Beylerbeyi Camii Muvakkithanesi'nde bulunmaktayken, sonraları İskele Camii de denen Mihrimah Camii'nin duvarına yerleştirilmiştir.

Turkish inlay art. The words "Kelim-i Tevhid" are written in ivory on the leaves of the door.

Mimar Sinan applied a more modern version of the St Sophia for this mosque.The usual half-dome above the mosque entrance was not used here. Therefore, when you enter the mosque, you are under the main dome. The fountain at the entrance is very beautiful. The raised decorations on the wood of the window leaves and the pulpit and on the marble of the mihrab and minber are delicately worked. The madrasah, which has endured to our present time, is located to the north of the mosque. The interior of the medressa was ruined by inner interference. The building is now used as a health center.

There are two tombs between the mosque and the madrasah. One tomb is of the two sons of Mihrimah Sultan, the other of the Grand Vizier İbrahim Ethem Pasha. The elementary school is in the qible direction. The hostel, the soup kitchen and the caravansaray do not exist today

The most beautiful upright clock in İstanbul is in Üsküdar's Mihrimah Mosque. With pictures sketched in marble, it is attached to the wall with iron claw feet. In the lower right corner it is identified as having been made in 1770 by Derviş Yahya Muhittin for use by the new Central Mosque. In the upper part of the clock face is the heading: "Eser-I Saitzade Mehmet Arif Elmenur bi Hizmetul Evlat." This clock was located in the Beylerbeyi Mosque "Muvakkithane" (the place where the time for the call to prayer is determined); later it was moved to the wall of the "Boat-landing Mosque", as Mihrimah Mosque is sometimes called.

BEYAZIT CAMİİ

Beyazıt Meydanı'nda Sultan II. Beyazıt döneminde 1500 yılında inşası başlatılan Cami, 1505'te bitirilmiştir. Mimarının kim olduğu konusunda ihtilaf vardır. Mimar Hayrettin, Mimar Kemalettin veya Yakupşah bin Sultanşah isimli mimarlardan biri tarafından yapıldığı sanılmakla beraber kesin bilgiye ulaşılamamıştır.

Külliye; Cami, Aşhane-imarethane, Sübyan Mektebi, Tabhaneler, Medrese, Hamam ve Kervansaraydan oluşmaktadır. Kendisinden önce yapılmış bulunan Fatih Külliyesi'nden farklı olarak simetrik yapılar şeklinde değil, dağınık bir şekilde inşa edilmiştir.

Külliye'nin merkezi Beyazıt Camii'dir. 16.78 metre çapındaki ana kubbesi dört ayak üstüne oturtulmuştur. Cami yerine, Külliye'ye dâhil bulunan Tabhane'ye bitişik minareleri, bu Cami'nin ayırt edici özelliklerindendir. Bu nedenle iki minare arasındaki mesafe 79 metredir. Cami içerisindeki taş ve ahşap işçiliği ile vitraylar dikkat çekici güzelliktedir. Avlu döşemesi ve Şadırvan'ın sütunları, Bizans'tan kalma malzemenin yeniden işlenmesiyle elde edilmiştir. Özellikle Şadırvan sütunlarında Bizans izleri görülebilmektedir. Külliye'nin İmarethane ve Kervansaray'ı Beyazıt Devlet Kütüphanesi tarafından kullanılmaktadır ve Cami'nin solunda yer alır. Medrese ise Cami'nin sağında ve oldukça uzağında yapılmıştır. Günümüzde Türk Vakıf Hat Sanatları Müzesi olarak kullanılmaktadır. Külliye'nin Hamam'ı, Ordu Caddesi üzerinde, İstanbul Üniversitesi Edebiyat Fakültesi'nin yanındadır. Cami'nin kıble tarafındaki mekânda Sultan II. Beyazıt'ın, kızı Selçuk Hatun'un ve Tanzimat Fermanı'nın mimarı Mustafa Reşid Paşa'nın türbeleri bulunmaktadır.

THE MOSQUE OF BEYAZIT

The mosque located in Beyazıt Square was built by order of Sultan Beyazıt II. The construction began in 1500 and was completed in 1505. the identity of the architect has been disputed. One of three architects--Hayrettin, Kemalettin, or Yakupshah bin Sultanshah--is thought to be the builder, but no definite evidence has been obtained.

The complex is made up of a mosque, a kitchen, a school, a printshop, a madrasah, a Turkish bath, and a caravansaray. In contrast to the Fatih mosque complex, which was built earlier, this complex is not symmetrical in shape, but is spread out over a large area.

At the center of the complex is the Beyazit Mosque itself. The main dome, with a diameter of 16.78m, stands on four feet. The minarets, which are separated from one another by 79 meter are a special feature of this mosque. The woodwork, stone work, and stained glass inside the mosque are very beautiful. The flooring of the courtyard and the columns of the fountain area are made from materials left from Byzantine time. Byzantine signs are particularly noticeable in the columns of the fountain.

The soup kitchen and the caravansaray of the complex which remain today are now used by the Beyazıt State Library, located to the left of the mosque. The madrasah was to the right and quite far away from the mosque. However the printshop is connected to the mosque. Presently the place of the medressa is the Turkish Foundation Museum for the Art of Calligraphy. The baths of the complex are on Ordu Street, beside the Istanbul University Literature Faculty. There are tombs in the empty space on the qible side of the mosque. Sultan Beyazıt's daughter, Selçuk Hatun, is buried here, as is Mustafa Resid Pasha, the architect of some of the Ottoman masterpieces.

SULTAN SELİM CAMİİ

Edirnekapı civarında, Sultan Selim mevkiindedir. 1522 yılında Kanuni Sultan Süleyman'ın saltanatı (1520-1566) döneminde bitirilmiştir. Ana giriş kısmındaki yazıda yapımını I. Selim'in emrettiği kaydedilmekte, bazı kaynaklara göre ise Kanuni tarfından, babasının anısına yaptırıldığı söylenmektedir. Çok sade mimarisi vardır.

Yapının içinde hünkâr mahfilinin tavanı ilginç ve zengin bir süsleme ile kaplıdır. Cami'nin mihrap tarafındaki sedef kaplamalı cam ve kapılar sekizgen formundadır. Cami'nin yanında nefis çini kitabeleri bulunan Yavuz Selim Türbesi vardır. Ender çiniler bulunan Kanuni'nin şehzadeleri ile kızlarının türbeleri, arkasında Sultan Abdülmecit Türbesi bulunmaktadır. Sultan Selim Külliyesi, Osmanlı mimarisinin klasik dönemdeki gelişimini gösteren örneklerden biridir. Yavuz Sultan Selim döneminin sonlarına ait olan yapının, Kanuni tarafından, babası için yaptırılmış olduğu bilinir. Külliye, adını verdiği semtte, Çukurbostan diye bilinen, açık Bizans sarnıcının yanındadır. Külliye'nin merkezini oluşturan Cami, büyük kubbesi ile tek kubbeli tipin anıtsal bir örneğidir. Bununla birlikte Cami'nin iki yanında birer Tabhane yer alır. Türk misafirhanesi denilebilecek bu bölümler, eski dönemlerin zaviyeli camilerindeki yan mekânların yerini tutmaktadır. Portelin çevresinde yoğun taş süslemeleri bulunmaktadır. Burada yüzeysel kabartmalarla süslü duvar payesi, niş, sütunçe gibi mimari süsleme elemanları karşımıza çıkar.

Yapının tümü küfeki taşından olmakla beraber süslemenin yoğunlaştığı yerlerde beyaz Marmara mermeri kullanılmıştır. Avluya bakan pencere alınlıklarında yer alan renkli sır tekniğindeki çiniler, bu türün güzel örneklerinden sayılmaktadır. Çinilerin desenleri birbirinin eşi olmakla birlikte, renkleri farklıdır. Bu çinilerde "Rumi" ve "Palmet" olarak adlandırılan klasik motiflerin yanında, bitkisel süslemeye de yer verilmiştir.

THE MOSQUE OF SULTAN SELİM

The mosque of Sultan Selim is located in the vicinity of Edirnekapı. It was completed in 1522 in the time of Süleyman the Magnificient. The inscription at the main entrance shows that it was built on orders of Selim I; however, some sources say that his son had the mosque made in memory of his father. It has a very plain architecture.

The ceiling of the elevated sultan's loge is covered in an unusual and rich decoration. There are octagonal-shaped windows and doors, inlaid with pearl, on the mihrab side of the mosque. Next to it is the tomb of Yavuz Sultan Selim which has rare tile inscriptions in it. Also in the same complex are the tombs of the sons and daughters of Sultan Süleyman, and behind all is the tomb of Sultan Abdülmecit which lies the tomb of Sultan Abdülmecit. This complex is an example of the progress of Ottoman architecture of the classical period.

Built during the last years of Yavuz Sultan Selim era, it is believed that the mosque was actually built by Suleyman for his father. Therefore, the district surrounding it is named for him and is near Çukurbostan, an open Byzantine cistern. The mosque is in the center of the complex; with its large dome, it is a typical example of single-dome monuments. Hostels are on both sides of the mosque. These sections could be called Turkish guest houses.

Around the gate there is extensive marble decoration. Here, various architectural decorative elements are found, on the surface of the wall, the niche, and the column. The building is made completely of stone, though in areas of intense ornamentation Marmara marble was used. The pediments of the window overlooking the courtyard have pretty and colorful glazed tiles. The designs of the tiles are the same, but the colors are different. These tiles are of classical motifs with accompanying floral designs.

TÜRKİYE
DENİZCİLİK İŞLETMELERİ
İstanbul lalesiyle buluşuyor!

YENİ CAMİİ

İstanbul'da 1597 yılında temeli atılan Yeni Cami, Osmanlı sultanları tarafından yaptırılan büyük camilerin son örneğidir. İnşaatına çeşitli nedenlerle ara verildiğinden tam 66 yılda tamamlanmış, yapımında üç ayrı mimar çalışmıştır.

Sultan III. Murat'ın eşi ve III. Mehmet'in annesi olan Venedik asıllı Safiye Sultan, kendi adına bir cami yaptırmak istemiş, bu görevi saray baş mimarı olan Mimar Sinan'ın öğrencisi Mimar Davut Ağa'ya vermiştir. Davut Ağa, caminin yerini

THE NEW MOSQUE "YENI CAMII"

The New Mosque was the last of the great mosques built by Ottoman sultans. Its foundation was laid in 1597; however, for various reasons it was not completed for 66 years. Three architects worked separately on the construction.

Safiye Sultan, the Venetian wife of Sultan Murat II and mother of Sultan Mehmet III, wanted a mosque built in her name. This duty was given to the architect Davut Ağa, a student of the great architect Mimar Sinan. Davut Ağa determined the site for the mosque and drew up plans.

belirleyerek ve planını çizmiştir. Bu, İstanbul'da deniz kıyısında yapılacak olan ilk büyük cami olacaktı. 1597 yılının Ağustos ayında devrin ileri gelenlerinin bulunduğu bir törenle caminin temeli atılır. Ancak büyük bir sorunla karşılaşırlar: Kazılan yerlerden sürekli su çıkmaktadır. Suyun Tulumbalar ve değirmenlerle boşaltılmasına çalışır. Davut Ağa, bu engeli aşmakta kararlıdır. Temeldeki suyun kurutulmasından sonra inşaata başlanır. İnşaatta kullanılan taşlar Rodos'tan getirilir. Sancılı bir inşaat sürecinden sonra 1603 yılında III. Mehmet'in ölümüyle Valide Safiye Sultan, geleneklere uyularak eski saraya gönderilince inşaat yarıda kalır ve yaklaşık 57 yıl kaderine terk edilir. Bu süre içinde zamanın tahribatına uğrar ve bir yangın sonucu da büyük hasar görür.

Köprülü Mehmet Paşa'nın sadrazamlığı sırasında tahtta bulunan IV. Mehmet'in annesi Hatice Turhan Sultan, bir yangın sonrasında şehri gezerken caminin bitirilmemiş ve harabeye dönmüş halini görünce camiyi tamamlatmaya karar verir. Dönemin mimarbaşısı Mustafa Ağa, Davut Ağa'nın planlarına uygun olarak inşaata başlar ve cami üç yıl içinde tamamlanarak, 8 Şubat 1663 günü törenle ibadete açılır. Yeni Cami'nin mimarisinde Selçuklu etkisi yoktur. Mimar Sinan'ın Şehzade Camii'nde ve Sedefkâr Mehmet Ağa'nın Sultanahmet Camii'nde kullandığı kubbe planını tekrar eder. Ancak kubbenin piramidi andırır şekilde yükselmesiyle kendine has bir özelliği vardır.

Cami'nin ana kubbesi dört fil ayağına oturtulmuştur. Mermer oyularak yapılan minber, büyük ve ince bir sanat eseridir. Stalaktit başlıklı sütunların tuttuğu 24 revaklı avluda Türk sanatının en değerli mücevherlerinden sayılan Şadırvan vardır.

Dört yarım kubbe ile çevrelenen, 36 metre yükseklikte ve 17.5 metre çapındaki 24 pencereli ana kubbe beyaz zemin üzerine oturtulmuştur. Cami'nin beyaz mermerden Minber'i, ayrıca pencerelerin sedef kakmalı kapaklarındaki işçilik ince bir sanat ürünüdür. Pencerelerin üzerinde Mustafa Çelebi tarafından yazılan sure ve ayetler yer almaktadır.

Cami ile birlikte bir çarşı (Mısır Çarşısı), iki çeşmeli sebilhane, bir Darü'l-Kurra ve bir de Okul yapılmıştır.

Mısır Çarşısı, "L" şeklinde olup tarihî çarşılar içinde Kapalı Çarşı'dan sonra en gözde ikinci çarşıdır. Yeni Cami'nin asıl özelliğini, camiye bitişik bir kemer üzerine yapılan ve XVII. yüzyıl Türk mimarlığının en güzel örneklerinden biri olan Hünkâr Kasrı (Valide Kasrı) oluşturur. Yapıldığı yıllarda Valide Sultan, daha sonra da padişah ve sultanlar namazdan ve dinî törenlerden önce buraya gelir, bir süre dinlenirlerdi.

Kasrın giriş kapısındaki ağaç işçiliği, içerideki çinili ocaklar, duvarları kaplayan çini panolar, renkli cam pencereler harikadır. Çiniler İznik'te yapılmıştır ve bir kısmı sadece bu kasrı süslemek için özel olarak yapıldığından, desenlerine başka hiçbir yerde rastlanmaz. Panolar karanfil, gül, şakayık, çeşitli dallar ve yapraklarla süslenmiştir. Cami, selâtini (sultanlar tarafından yaptırılan) camilerin son örneği olduğu gibi, camiye bitişik Hünkar Kasrı'nı süsleyen çiniler de Türk çini sanatının en son ve en güzel örnekleridir.

This was to be İstanbul's first large mosque along the seashore. In August of 1597 a ceremony was held, with top state officials present, to lay the foundation. However, there was a major problem: wherever they dug, water poured out. They worked to empty the water with pumps and mill wheels. Davut Ağa was determined to overcome this obstacle. After the water was dried out, the construction began. The stones for the building were brought from Rhodes. In the midst of this painful construction, Mehmet III died, and, according to tradition, the Mother Sultan was sent to the old palace. The construction of the mosque was stopped in the middle, and for almost 57 years the mosque was abandoned to its fate. Time took its toll, and a fire left it greatly damaged.

During the reign of grand vizier Köprülü Mehmet Pasha, the mother of Sultan Mehmet IV, Hatice Turhan Sultan, was touring the city after a fire. Upon seeing the unfinished mosque in such a state of ruin, she determined to complete the building. The head architect of the time, Mustafa Ağa, began the construction, using Davut Aga's plans. The mosque was completed in three years. On February 8, 1663, it was ceremonially opened to worship.

The architecture of the New Mosque has no Selçuk influence. It uses the domed plan of Mimar Sinan's Şehzade Mosque. However, with its dome rising like a pyramid, it has its own unique appearance.

The main dome of the mosque rests on four elephant feet. The minber is of hollowed out marble, a delicate work of art. The fountain in courtyard is one of the jewels of Turkish art.

Encircled by four half-domes, the main dome--36m high, 17 m in diameter with 24 windows--is set on a white base. The mosque's white marbled minber and window covers of pearl inlay are delicate works of art. Above the windows are surahs and verses from the Koran written by Mustafa Çelebi.

A marketplace (the Egyptian, or Spice Bazaar), a kiosk for dispensing drinking water, a university, and a school were built along with the mosque. The L-shaped Spice Bazaar is second in attraction to the Covered Bazaar among historical markets.

What makes the New Mosque so special is the Sultan (or Mother Sultan) Kasri (pleasure palace) on an arch connected to the mosque. It is a beautiful example of 17th century Turkish architecture. In the years of its construction the Mother Sultan, later sultans themselves, would come here to rest for a bit before prayers and religious ceremonies.

The woodwork of the entrance door, the tiled stoves, the tile panels of the walls, the colorful glass windows are wonderful. The tiles were made in İznik, some specially ornamented for this palace. Their designs are found nowhere else. The panels are decorated with carnations, roses, peonies, various branches and leaves. Just as the New Mosque is the last example of mosques built by sultans, so the tiles decorating the Sultan Kasrı are the last and best examples of Turkish tiles.

RÜSTEM PAŞA CAMİİ

Mısır Çarşısı yakınında, tek minareli, etrafını çevirmiş sıra dükkânların, depoların üzerinde yükselen merkezî planlı bir yapıdır. Şehrin en aktif ticari merkezinde, arka sırtlarda yükselen Süleymaniye Camii ile birlikte güzel bir manzara oluşturmaktadır.

1561 yılında Sadrazam Rüstem Paşa tarafından Mimar Sinan'a yaptırılmıştır. Dükkânların üzerinde yer alan Cami'ye iki yandaki döner merdivenler ile ulaşılır. Avlu enteresan mimariye sahip, küçük bir teras olup beş küçük kubbe ile örtülür. Merkezî kubbe, karşılıklı dört duvar payesi ve yanlardaki ikişer sütün üzerinde yükselir. Kare mekân köşeleri, kubbeyi destekleyen dört yarım kubbe ile çevrilidir. Kubbenin iki yanı, sütunların arkasında galeri gibidir.

Giriş cephesi, küçük fakat çarpıcı iç mekân duvarları ile devrinin en meşhur İznik çini örnekleri ile süslüdür. Çiniler geometrik, yaprak ve çiçek motifleri ile dekorlu olup renkli çiçek bahçesini anımsatır. Bir rölyef gibi kabarık mercan kırmızısı rengi, XVI. yüzyılda kısa bir süre kullanılmıştır.

RÜSTEM PASHA MOSQUE

This mosque, near the Spice Bazaar, has one minaret. There are rows of shops surrounding it. The centrally planned mosque stands on the top of depots. It presents a very beautiful appearance in the middle of one of the city's most active trade districts, with the Süleymaniye mosque rising behind it.

The mosque was constructed in 1561 by the great architect Mimar Sinan, commissioned by the Grand Vizier, Rüstem Pasha. Built on top of shops, the mosque is reached by curved staircases, on each side. The courtyard has an interesting architecture. There is a small terrace covered by five small domes. The main dome rises from four feet across from each other with two columns beside each foot. The corners of the square building are surrounded by four half-domes which support the main dome. Behind the columns on both sides are galleries.

The front entrance and the walls of the small, but appealing interior are decorated with examples of the most famous İznik tiles of the era. With their geometric leaf and flower designs, they resemble a colorful flower garden. Raised like a relief, the coral red color in the tiles was used only for a short time in the 16th century.

Çeşmeler / Fountains

SULTAN III. AHMET ÇEŞMESİ

Üsküdar İskele Meydanı'nda, Paşalimanı Caddesi ile Hakimiyet-i Milliye Caddesi'nin kesiştiği kavşakta yer alır. İlk olarak 1729'da deniz kenarına inşa edilen bu çeşme, daha sonra bugünkü yerine taşınmıştır.

Anıtsal bir yapı görünümündeki çeşmenin duvarları süslemelerle bezenmiştir. Üzerini kaplayan çatı, saçak özelliği taşımaktadır. Bu saçağın iç kısımları ahşap oymalarla süslenmiştir. Ayrıca duvarlarındaki kitabelerde dönemin ünlü divan şairlerinden bazılarının beyitleri yer almaktadır.

THE FOUNTAIN OF SULTAN AHMET III

This fountain is in the Üsküdar boat landing Square where Paşalimanı and Hakimiyet-I Milliyet Avenues cross each other. It was first constructed on the seaside in 1729, but was later moved to its present location.

With a monumental appearance, the fountain walls are richly decorated. It is covered by an eaved roof; inside the wide eaves are decorative wood carvings. In addition, among the engraving on the walls are couplets written by famous classical Ottoman poets of the era.

SULTAN III. AHMET SEBİLİ VE ÇEŞMESİ

Ayasofya Camii'nin sağ yanında ve Topkapı Sarayı'nın Padişah Kapısı önünde yer alır. Çok çarpıcı bir yapı olan çeşme, 1729 yılında inşa edilmiştir. Duvarları bezemelerle ve on dört kıtalık bir kasidenin yazılı olduğu bir hat eseri ile süslenmiştir. Çeşmenin oval köşelerinde sebil vardır. Sebil kısmı bel hizasına kadar varmaktadır. Ayrıca parmaklıklı pencerelere sahiptir; fakat pencereler tavana kadar yükselmez. Çeşme'nin üzeri kurşunla kaplı bir çatı ve çatının üzerinde yer alan üç küçük kubbe ile kapatılmıştır. Çatı saçak özelliğindedir ve saçak içleri ahşap oyma ile bezenmiştir.

THE FOUNTAIN AND WATER KIOSK OF SULTAN AHMET III

This fountain is located to the right of St. Sophia, in front of the Sultan Gate at Topkapı Palace. This striking fountain was built in 1729. The work is ornamented with decoration on the walls and calligraphy on the pedestal. In the oval corners of the fountain are dispensing kiosks. The windows are railed; however they do not reach the ceiling. Above the fountain is an iron-coated roof above which three small domes. The roof has eaves and the inside the eaves are decorated with wood carving.

II. MAHMUT ÇEŞMESİ

Çemberlitaş'ta, Divanyolu Caddesi üzerinde bulunan Sultan II. Mahmut'a ait Türbe'nin caddeye bakan cephesi üzerinde yer alır. Türbe'yle birlikte yapımı 1840 yılında tamamlanmıştır.

Batı'dan gelen klasist üslup ile inşa edilen Sebil, dairesel antik bir tapınağı andırır. Bütünüyle mermerle kaplı ve üzeri kubbe ile örtülüdür. Pencerelerindeki demir parmaklıklar, kubbe bayrağı konumu ve şekli oldukça dikkat çekicidir.

THE FOUNTAIN OF MAHMUT II

This fountain is in Çemberlitaş, on Divan St. It is located in front of the tomb of Sultan Mahmut II on the side facing the street. It was constructed along with the mosque in 1840.

Made in classical Western style, the water kiosk resembles an ancient circular temple. It is made of marble and is domed. The windows have iron railings and the flag site and shape of the dome are attractive.

TOPHANE ÇEŞMESİ

İstanbul'un Tophane Meydanı'nda yer alan Çeşme, Sultan I. Mahmut tarafından 1732 yılında yaptırılmış bir meydan çeşmesidir. İstanbul'un üçüncü büyük ve en yüksek duvarlı çeşmesidir. I. Mahmut Han Çeşmesi adıyla da bilinir.

Tophane Çeşmesi, güneyden Kılıç Ali Paşa, kuzeyden Nusretiye camileriyle, batıdan Tophane atölyeleri ve doğudan rıhtım ile çevrili Tophane Meydanı'nın ortasında inşa edilmiştir. Zamanla kıyının doldurulması sonucu denizden uzakta kalmıştır. 1700-1740 yılları arasında meydanların ortasına geniş saçaklı, anıtsal meydan çeşmeleri yapılmıştır.

Böylece çeşme yapımında klasik Osmanlı üslubundan batı üslubuna geçiş yaşanmıştır. Tophane Çeşmesi de bu geçiş döneminin eseridir. Çeşme, Ahmet Ağa tarafından 76 bin kuruş 84 akçeye yaptırılmıştır. Yapılacağı zaman burada bulunan tüm dükkânlar yıktırılarak meydan açılmıştır. İlk yapıldığı dönemde geniş saçaklı, kubbe örtülü, sekiz musluklu bir çeşme olduğu gravürlerden anlaşılmaktadır. Çeşme'nin dört tarafı mimari ayrıntı olarak birbirinin aynısıdır. Çeşme'nin açılışı ile Taksim su sistemi faaliyete girmiştir ve padişah Taksim'den suyu kendi eliyle salıvermiştir.

Tophane Çeşmesi yapıldığı dönemden itibaren iki defa büyük kapsamlı onarım görmüştür. Bunlardan ilki 1837 yılında gerçekleşmiş, çeşme üst örtüsü tamamen değişmiş, teras çatı yapılmıştır. 1956-1957 yıllarında ise, kentsel dönüşüm müdahaleleri kapsamında İstanbul Sular İdaresi'nce restore edilmiştir. Bu restorasyonda tarihî gravürlere sadık kalınarak saçak ve kubbe yeniden yapılmıştır.

Çeşme, yapıldığı dönemin zevkine uygun olarak bitki motifleriyle bezenmiştir. Taş süslemede saksı içindeki meyve ağaçları, vazoda çiçek görüntüleri yer alır.

Tophane Meydan Çeşmesi'nin restorasyonu 2006 yılında tamamlandı. Büyükşehir Belediyesi, Taç Vakfı, İstanbul Su Kanalizasyon İdaresi ve Vakıflar Genel Müdürlüğü'nden toplam 65 kişinin bulunduğu restorasyon çalışmaları sırasında on beşmimar ve dört hat sanatçısı da görev almış; 740 metrekare kurşun ve 23 ayar altın kullanılmıştır.

THE FOUNTAIN AT TOPHANE

The fountain located in İstanbul's Tophane Square was built in 1732 by order of Sultan Mahmut I. It is İstanbul's third largest fountain with the highest walls. It is known by the name of Mahmut I.

The fountain is in the center of Tophane Square which is surrounded to the south by Kılıç Ali Pasha Mosque, to the north by Nusretiye Mosque, to the west by some shops, and to the east by the docks. As the bay filled up, the fountain became further from the sea.

In the years 1700-1740 monumental, wide-eaved fountains were built in public squares. In due time the architecture changed from classical ottoman to the western style. The fountain at Tophane is a typical example of the transition period. The fountain was commissioned to Ahmet Ağa, the builder, for the amount of 76 thousand kurus and 84 silver coins. A public square was created by removing the existing shops. It was first fountain with wide eaves and was covered by a dome. Engravings on the fountain indicate that there were eight faucets. The four sides of the fountain were architecturally identical. The Taksim water supply system had just begun to function at the time of the fountain's opening, and the sultan himself was present for the inauguration in Taksim.

Since the time it was built, the fountain has undergone two major repairs. The first took place in 1837 when the covering of the fountain was completely changed and a terrace floor added. The second was in 1955-1957 when the Water Department of İstanbul restored the fountain during a citywide renewal project.

The fountain is decorated with flower motifs, which was the fashion at the time. The decoration on the stones depicts fruit trees in pots and flowers in vases.

Restoration of Tophane Fountain was completed in 2006. It was done by a team of 65 people from Istanbul Municipality, Taç Foundation, İstanbul Water and Sewage Administration. In addition there were four calligrapher and 15 architects assigned. During the restoration 740 square meters lead and 23 carats gold was used.

AZAPKAPI -SALİHA SULTAN- ÇEŞMESİ

Azapkapı'daki Saliha Sultan Çeşmesi XVIII. yüzyıla ait meydan çeşmesi ve sebil birleşiminin en güzel örneklerinden biridir. Saliha Sultan'ın bu çeşmeyi yaptırışıyla ilgili halk arasında ilginç bir olay anlatılır: IV. Mehmet'in eşi, II. Mustafa'nın annesi Valide Sultan arabasıyla gezerken, Azapkapı'nın sokakları arasında küçük bir meydandaki çeşmenin başında, kırılan testisinden elinde kulpu kalmış, ağlayan bir kız çocuğu görür ve

THE SALİHA SULTAN FOUNTAIN IN AZAPKAPI

This fountain is one of the most beautiful examples of 18th century public square fountain/water-dispensing kiosk. There is an interesting folk story about its origin.

Valide Sultan, wife of Mehmet IV and mother of Mustafa II, was riding in her carriage one day when she happened to see a small girl weeping beside the fountain. The child was holding the handle of a broken water jug. When Valide Sultan called the child and offered her money

çocuğu çağırtarak ona para vermek ister. Çocuk parayı almaz ve yaşından beklenmeyecek bir olgunlukla Valide Sultan'a şöyle der: "Testiyi kırdım, parası için ağlamıyorum; eve su götürmenin üstesinden gelemedim ona ağlıyorum."

Kızın bu sözleri Valide'nin hoşuna gidince, ailesine haber salınır ve küçük kız saraya alınır. Bu kız büyüdüğünde II. Mustafa'nın eşi Saliha Sultan olacak; başında testiyi kırdığı çeşmeyi anımsayıp o küçük çeşmenin yerine daha büyük, daha muhteşem bir çeşme yapılmasını isteyecektir. Onun bu isteğini 1730 yılında tahta çıkan, oğlu I. Mahmut gerçekleştirmiştir.

Lale Devri geleneğini sürdüren Saliha Sultan Sebili ve Çeşmesi, ortada yuvarlak bir Sebil, iki yanda birer çeşmeden meydana gelmiştir. Tümüyle mermer olan çeşme-sebilin ön cephesi muhteşem güzellikteki bitki motifleriyle bezenmiştir.

Yabancı kaynaklarda "Galata Çeşmesi" olarak anılan Saliha Sultan Sebili ve Çeşmesi'nin Avrupalı ressamlar tarafından yapılmış gravürleri vardır. 1910'lu yıllarda onarılmak üzere kısmen sökülen sebil-çeşme, araya savaş yıllarının girmesi üzerine, uzun bir süre öylece kalmıştır. 1940'lı yıllara ait fotoğraflarda çeşmenin çatısının olmadığı görülür.

İkinci onarım 1952-53 yılları arasında gerçekleşmiştir. 1957 yılında ise çeşme-sebille bir bütün oluşturan Sübyan Mektebi yıkılarak, sebil ortada bırakılmıştır. Bugün ise önünden geçen ana yol nedeniyle meydan çeşmesi olma niteliğini yitirmiş, zemin kodunun bir hayli altında, bulunduğu çevreye yabancı bir görünümdedir. Saliha Sultan Çeşmesi yıllar süren terk edilmişliğinden sonra, 2006 yılında İstanbul Büyükşehir Belediyesi'nin önderliğinde onarılmıştır. Çeşme, geçmiş dönemin kültürünü ve Saliha Sultan'ın hayırseverliğini, modern dünyanın insanlarına anlatılmaktadır.

Unkapanı Köprüsü çıkışında, Sokullu Mehmet Paşa Camii'nin arkasında bulunan Çeşme, Lale Devri üslubuyla yapılmıştır. Altı köşeli değirmen şeklinde bir sebilden ibaret olan Çeşme'nin kubbelerinin, Saliha Sultan'ın göğüslerinden esinlenerek yapıldığı da rivayetler arasındadır. Taş işçiliği ve varaklarıyla dikkat çeken Çeşme'nin gravürleri ünlü sanatçılar tarafından yapılmıştır.

she did not accept, and with maturity beyond her age said, "I am not crying because of my broken jug but I did not fulfill my duty of bringing water home." These words impressed the Valide Sultan so much that, she asked her staff to get in touch with the family to let her come to the palace.

This girl called Saliha grew up, and became the wife of Mustafa II, eventually. Saliha Sultan wanted to have a magnificent fountain built at the site of the little fountain where she had broken the water jug. Her wish was fulfilled by her son, Mahmut I, when he came to the throne in 1730.

According to the style of the Tulip Era, the fountain has a rounded kiosk in the center with fountains on each side. Made of marble, the kiosk and fountains are ornamented with splendid flower motif designs.

Called the "Galata Fountain" by western sources, the European artists have been inspired by its beauty. It was partially torn down during repairs in 1910, followed by World War I. The fountain/kiosk was left in a neglected state for years. Photographs of the fountain in the 1940's show that it had no roof.

The second restoration came in the years 1952-53. In 1957 the school which had united the fountain and the kiosk was torn down, leaving the kiosk on its own. Today a main thoroughfare runs directly in front of the fountain, making it lose its characteristic of a public square fountain. The bottom of the fountain is below the street level, making it appear strange in its environs.

ALMAN ÇEŞMESİ

İstanbul'da Sultanahmet Meydanı'nda, Sultan I. Ahmet Türbesi'nin karşısında yer alan tarihî Çeşme, Alman İmparatoru II. Wilhelm'in Sultan Abdülhamit ve İstanbul'a hediyesidir. Almanya'da yapılıp, 1901'de İstanbul'daki yerine monte edilmiştir. Neo-Bizanten üslubunda altın mozaikle süslü olan Alman Çeşmesi, Türkiye'ye üç kez gelen imparatorun 1898'de İstanbul'a ikinci kez gelişinin anısına ithaf edilmiştir.

Çeşme'nin planlarını II. Wilhelm'in özel danışmanı Mimar Spitta çizmiş, yapımını Mimar Schoele üstlenmiştir. Ayrıca Alman Mimar Carlitzik'le İtalyan Mimar Joseph Antony'de bu projede çalışmışlardır. Alman hükümeti önce Hipodrom Alanı'nı düzenlemiş, meydanın ağaçlandırılması yapıldıktan sonra Almanya'da hazırlanan çeşme buradaki temeller üzerine oturtulmuştur. Mermerleri ile değerli taşları Almanya'da işlenmiş ve parçalar halinde gemi ile İstanbul'a getirilmiştir.

Yapımına 1899'da başlanan Çeşme'nin 1 Eylül 1900'de, Sultan Abdülhamit'in 25. cülus törenine yetiştirilmesi planlanmış; ancak Çeşmenin inşası bu tarihe yetişmeyince II. Wilhelm'in doğum günü olan 27 Ocak1901'de görkemli bir tören ile açılışı gerçekleşmiştir.

Alman Çeşmesi ne heykelli Avrupa çeşmelerine ne de Osmanlı meydan çeşmelerine benzer. Yüksek bir taban üzerine oturtulmuş, sekizgen planlı bir yapıdır. Su haznesinin üzerinde sekiz sütunun taşıdığı bir kubbe yer alır. Sütunları birbirine bağlayan kemerlerin üzerindeki pandiflerde birer madalyon bulunur. Dördünün içinde yeşil zemine II. Abdülhamit'in tuğrası, diğer dördünün içinde Prusya mavisi üzerine II. Wilhelm'in simgesi olan "W" harfi, altında "II" sayısı ile konulmuştur.

Koyu yeşil renkte kolonların taşıdığı görkemli bir kubbe ile örtülü çeşmenin tunç kitabesinde Almanca olarak "Alman Kaiser'i II. Wilhelm 1898 yılı sonbaharında Osmanlıların hükümdarı haşmetli II. Abdülhamit nezdinde ziyaretinin şükran hatırası olarak bu çeşmeyi yaptırdı" yazmaktadır.

Çeşme'de bir de Osmanlıca kitabe vardır. Bu kitabede Osmanlı Seraskerlik Dairesi'nden, aynı zamanda edebiyatçı olan Ahmet Muhtar Paşa'nın bir beyti sülüs hattı ile İzzet Efendi tarafından yazılmıştır.

THE GERMAN FOUNTAIN

This historical fountain is located in Sultanahmet square across the tomb of Sultan Ahmet I. It was a present to the sultan and to the city by German Kaiser Wilhelm II. Made in Germany, in the neo-Byzantine style and ornamented inside with gold mosaic it was erected in İstanbul in 1901. The German Fountain was dedicated to Kaiser Wilhelm II in 1898 on the second of his three visits to Turkey.

The design of the fountain was sketched by the Kaiser's special advisor, Architect Spitta; the construction was supervised by Architect Schoele. The German Architect Carlitzik and the Italian Architect Joseph Antony also worked on the project. First the Hippodrome area was prepared, planting trees in the square. Later, the fountain which had been constructed in Germany, and shipped to İstanbul was set upon its foundation. The fountain was a magnificent work of marble and valuable stones.

The construction began in 1899and the erection was planned for Sept. 1, 1900, the 25th anniversary of Sultan Abdülhamit's accession to the throne. However, it was not ready by that date, instead the magnificent opening ceremony took place on Kaiser Wilhelm's birthday, January 27, 1901.

The German fountain resembles neither European fountains with statues nor Ottoman fountains. It is set on a high base and is octagonal in shape. Above the water reservoir is a dome supported by eight columns. There is a medallion on each of the "Pantiflere" of the arches connecting the columns. Inside four of these medallions on a green background is Abdülhamit's signature (TUGRA); inside the other four on a Prussian blue background is the symbol of Wilhelm II, the letter "W" with the number "II" under it.

The fountain is covered by a magnificent dome supported by dark green columns. There is a bronze inscription in German, which says, "Kaiser Wilhelm II had this fountain dedicated in the autumn of 1898 in gratitude to his Majesty Abdülhamit II". There is also an inscription in Ottoman,which is a couplet of Ahmet Muhtar Pasha, who worked at the Ottoman Ministry of War and was also a poet. It was inscribed in Arabic script by İzzet Efendi.

Eski Çarşılar / Old Bazaars

KAPALI ÇARŞI

Dünyanın en eski ve büyük kapalı çarşısı İstanbul'un merkezinde yer alır. Temeli 1461 yılında atılmıştır. Dev ölçülü bir dolambaç gibi, 60 kadar sokağı, üç binden fazla dükkânı ile Kapalı Çarşı, İstanbul'un görülmesi gereken, benzersiz bir merkezidir. Adeta bir şehri andıran, bütünü ile örtülü bu site, zaman içerisinde gelişip büyümüştür. XV. yüzyıldan kalan kalın duvarlı, bir seri kubbe ile örtülü eski iki yapının etrafında sonraki yüzyıllarda gelişen sokakların üzerleri örtülerek, ekler yapılarak, bir alışveriş merkezi haline gelmiştir. Geçmişte her sokağında belirli mesleklerin yer aldığı çarşı; el işi imalatının sıkı denetim altında bulundurulduğu, ticari ahlak ve törelere çok saygı gösterilen bir iş merkezi olarak yüzyıllardır ününü korumaktadır. Her türlü değerli kumaş, mücevherat, silah, antika eşya, konusunda

THE COVERED BAZAAR

The world's largest and oldest covered market place, the Covered Bazaar, is in the city center of İstanbul. Its foundation was laid in 1461. It is like a giant labyrinth, with 60 streets and more than 3000 shops. Resembling a city, this incomparable wonder is totally covered. The two old structures from the 15th century had thick walls and a series of domes. The streets were covered as they were added on, and the bazaar became a market center.

In the past each street had its own trade. The handwork was carefully monitored; trade ethics and customs were respected. It maintained its fames as a market place for centuries. Families who had

İSTANBUL KAPALIÇARŞI
ESNAFLARI DERNEĞİ
KURULUŞ 1952
DARENDELİLER
KASTAMONU
HASAN
ALTIN ALINIR
RİZELİ

nesillerdir uzmanlaşmış aileler tarafından tam bir güven içinde satışa sunulmaktaydı. Geçen yüzyılın sonlarında deprem ve birkaç büyük yangın geçiren Kapalı Çarşı, eskisi gibi onarılmışsa da, geçmişteki özellikleri değişikliğe uğramıştır.

Eskiden esnafa olan güven duygusu, halkın birikmiş parasının bir banka gibi onlara verilmesine ve işletilmesine neden olurdu. Günümüzde birçok sokağa dağılmış bulunan dükkânlar fonksiyon değişikliğine uğramıştır. Yorgancılar, terlikçiler, fesçiler gibi meslek grupları sadece sokak ismi olarak kalmıştır. Çarşının ana caddesi sayılan sokakta çoğunlukla mücevher dükkânları, buraya açılan bir yan sokakta ise altıncılar bulunur. Oldukça küçük olan bu dükkânlar değişik fiyat ve pazarlıkla satış yapmaktadır. Kapalı Çarşı, renk ve hareket anlamında her ne kadar eski canlılığını koruyor olsa da, 1970'li yıllardan itibaren İstanbul'u ziyarete gelen turist grupları için alışveriş olanakları, çarşının ana girişindeki modern ve büyük kuruluşlar tarafından sağlanmaktadır.

Kapalı Çarşı, günün her saatinde hareketli ve kalabalıktır. Esnaf, ziyaretçileri ısrarlı olarak kendi mağazasına çağırır. Çarşı girişinde gelişen konforlu, büyük mağazalar Türkiye'de elde imal edilen ve ihracatı yapılan hemen bütün eşyaları satışa sunmaktadır. El halıları ve mücevherat, geleneksel Türk sanatının en güzel örnekleridir. Bunlar kalite ve orijin belgeleri ile satılır ve dünyanın her tarafına garantili olarak ihraç edilir. Halı ve mücevheratın yanında, meşhur Türk işi gümüşten yapılmış eserler, bakır, bronz hediyelik ve dekoratif eşyalar, seramik, oniks ve deri eşyalar her bakımdan üstün kaliteye sahiptir.

become experts over the generations sold precious cloth, jewelry, guns, and antiques with complete trust. Having been through earthquakes and fires over the years, the Covered Bazaar has lost some of its unique quality with the changes that have been made in restorations. In the past with complete trust in the tradesmen people would give them their savings money as if they were a bank. Today the functions of the shops on many streets, for example, makers of Turkish slippers, fez and quilt makers, have changed. These trades only exist today as the street names. The main street of the Bazaar has mostly jewelry shops. Opening off to the side of this wide street are narrow streets. The shops off the main road are quite small and prices are reached by bargaining. The Bazaar maintains its former vitality and color, but since 1970 most tourist groups buy from the large modern establishments at the main entrance.

The Covered Bazaar is active and crowded at all hours of the day. Tradesmen insist visitors to come to their shop. The modern big shops at the entrance sell all kinds of items made in Turkey. Handmade rugs and jewelry are beautiful examples of Turkish art. These are sold with documents authenticating their quality and origin and can be shipped safely anywhere in the world. In addition to jewelry and rugs, Turkish silver work, copper and bronze gifts and decorative pieces, ceramics, onyx, and leather goods are of the highest quality in every way.

MISIR ÇARŞISI

1663 yılında III. Mehmet'in annesi Safiye Sultan tarafından yaptırılan çarşı; içinde Cami, Arasta, Türbe, iki sebil ile Darü'l-Hadis ve Sübyan Mektebi'nden oluşan Yeni Cami Külliyesi'nin içinde bulunan en önemli binadır. Kurulduğunda "Valide Çarşısı" adı verilmiş ancak daha çok Mısır'dan gelen mallar satıldığı için

THE EGYPTIAN BAZAAR (ALSO CALLED THE SPICE BAZAAR)

This market place was built by Safiye Sultan, mother of Mehmet III, in the year 1663 as a part of the New Mosque complex, which included the mosque, shops, a tomb, two water kiosks, a hadith school and an elementary school. When it was first opened, it was called the Valide Market, but as most of the goods sold came from Egypt, it took on the name "Egyptian Bazaar". The bazaar burned twice, in 1691

sonradan "Mısır Çarşısı" adını almıştır. Çarşı, 1691 ve 1940 yıllarında geçirdiği iki büyük yangından sonra İstanbul Büyükşehir Belediyesi tarafından restore edilerek son haline kavuşturulmuştur.

İstanbul'un ikinci büyük kapalı çarşısı olan Mısır Çarşısı'nın günümüzde, hepsi kullanılmayan, altı kapısı vardır. Çarşıdaki dükkânlarda baharat, kuruyemiş, geleneksel mezeler ve hediyelik eşyalar satılmaktadır.

"L" planlı Arasta (Eski Çarşı), denize göre caminin arkasında, batıdadır. "L" şeklindeki arastanın yaklaşık 120 metre uzunluğundaki bir kolu camiye dik, 150 metre uzunluğundaki diğer kolu ise camiye paralel konumdadır. Her kolun ortasında, üzeri beşik tonozla örtülü bir yol ve bunun iki yanında dükkân sıraları bulunmaktadır. Kapalı Çarşı'ya oranla kubbesi daha yüksektir. Bodrumları ile birlikte 86 dükkân vardır. Çarşı'nın yapımında kesme taş, tuğla ve moloz taş kullanılmıştır. Silmeler, Türk mimarisinin güzel örnekleri arasındadır.

Mısır Çarşısı'nda daha çok zamanın ihtiyaç maddeleri (ilaç, baharat, v.b) satılırdı. Eskiden dükkânların ön kısımları, bugünkü gibi açık değildi. Dükkânlar için elverişli olmayan bu durum değiştirildi ve kapıları yeni kemerler şekline sokuldu.

Mısır Çarşısı'nın yanı başında İstanbul'un en ilgi çekici mekânı vardır. Burası çiçek, tohum, bitki satışının yanı sıra köpek yavrusu, kuş ve tavşan gibi canlı hayvanların satıldığı pazardır.

and in 1940. After both fires, it was restored by the municipality of İstanbul and retained its present state.

İstanbul's second largest covered market, the Egyptian Bazaar has six gates, all of which are not used today. The shops inside sell spices, nuts, traditional "meze" foods, and gift items.

The L-shaped rows of shops are behind the New Mosque, to the west. One line of the row of shops, 120 meters long, is perpendicular to the mosque; the other line, 150 meters long, is parallel to the mosque.

In the middle of each line is a walkway covered with a barrel vault and on both sides is a row of shops. The dome covering the bazaar is higher than that of the Covered Bazaar. The bazaar is made of stone, brick, and rubble stone.

The molding is a good example of Turkish architecture. The Egyptian Bazaar mostly sells daily needs, such as medicine and spices. In the past the front of the shops was not open as they are today. The doors became open arches, more convenient for the shopkeepers. Outside of the Egyptian Bazaar there is an open market with plants, flowers and varieties of live animals puppies, birds, rabbits, etc. It is one of the most lively and interesting places in İstanbul.

Malatya Pazarı
NARGILE's
SEVRUGA
SIAN

SAHAFLAR ÇARŞISI

Sahaflar Çarşısı, İstanbul'un Osmanlı döneminden bugüne kadar ayakta kalmış en eski kitapçılar çarşısıdır. Çarşı, Kapalı Çarşı'nın Fesçiler Kapısı ile Beyazıt Camii arasında yer almaktadır. Osmanlı döneminde, medreselerin çevrelerinde, medrese öğrencilerinin ihtiyaçlarını karşılayan sahaf dükkânları bulunmaktaydı. Kapalı Çarşı'nın inşaatı 1460'larda tamamlandığında, çarşıdaki dükkânların bir kısmı da sahaflara tahsis edilmişti. Sahafların Kapalı Çarşı'dan çıkıp, bugün bulundukları yere taşınmalarının sebebi, 1894'teki İstanbul depreminde Kapalı Çarşı'da meydana gelen büyük yangındır. "Sahaf" sözcüğünün anlamı, elden düşme kitap alıp satan kişidir. Sahaflık, medrese öğrencilerinin, XV. ve XVI. yüzyıllarda Fatih ve Beyazıt gibi büyük camilerin etrafında kitap alım satımı yapmaları ile başlamıştır.

Eskiden sahaflar Kapalı Çarşı'nın içinde, şimdi yorgancıların konumlandığı yerde bulunmaktaydılar. En kıymetli yazmaların, minyatürlü kitapların pazarı olan çarşı, Evliya Çelebi'den aktarılan bilgilere göre elli kitapçı dükkânına ve üç yüze yakın çalışana sahipti. Sahaflar, meslek odaları ya da dernek olarak adlandırılan, belli bir iş kolunda usta, kalfa ve çırakları içinde bulunduran Sahaflar Loncası'na bağlıydı. Sahaflar; çıraklık, kalfalık ve ustalık dönemlerini geçirmek zorundaydılar. Sahaf dükkânları, diğer esnaf dükkânları gibi dua ile açılır, dua ile kapanırdı.

Osmanlı esnaf geleneğinde her loncanın, her esnaf grubunun bir piri vardı. Sahafların da piri ilk kitapçılardan olduğu söylenen Basralı Abdullah Yetimî Efendi'dir. O dönemde yazma kitaplar, bugünkü tabirle, moda olduğu için sahaflar etrafında genellikle hattatlar, mücellitler, müzehhepler, kâğıtçılar, kalemtıraşçılar, mürekkepçiler organize olurdu. Sahaflar kâhyasının dükkânındaki kitapların mezadı cuma ve salı günleri yapılırdı. Nadide kitaplar elden ele dolaşır, meşhur mezatlara işten anlayanlar, kitap sevenler katılırdı. Bohçacı adı verilen bazı kimseler de nadir yazmaları, minyatürlü nüshaları yüksek meblağ karşılığı kitap meraklılarının konaklarına götürüp satarlardı. İbrahim Müteferrika'nın 1720'li yıllarda matbaayı Osmanlı'nın hizmetine sunmasıyla XVI. yüzyılın sonlarında Cevherî'nin yazıp, Müderris Mehmet Efendi'nin Arapçadan Osmanlıcaya çevirdiği "*Vankulu Lügati*" 1727 yılında ilk basılan kitaplar arasında yerini alır. Türkiye'ye matbaanın gelmesine karşılık, sahaflar uzun süre basılı kitaba ilgi göstermemişlerdir. Dükkânlarının yanındaki hattatlarla yazmaları çoğalttırmaya devam etmişlerdir.

XVII. yüzyılda Fransız sefaretinin tercümanı olan A. Galland, sahaflık ile ilgili izlenimlerini açık bir şekilde dile getirmiştir: "Türkler basma kitabın daha kolay okunabileceğini kabul etmekle beraber, işlek olmayan bir yazıyla yazılmış olsa bile, yazma kitapları en iyi basmalara tercih ediyorlar. İstanbul'da bir kitapçıda Ibn-i Sina'nın basma eserlerini gördüm. Bu kitap Arap harfleriyle basılanların en güzeli, yazısı el yazısına en yakını olduğu halde, uzun bir müddet satılamadı. Hâlbuki aynı kitabın yazma nüshaları gerek tanıdığım bir kitapçı, gerek diğer kitapçılar tarafından gayet pahalı olarak satılmaktaydılar". Geçmiş günlerin sahafları kitap meraklılarının, yazarların, bilim adamlarının sık sık uğradıkları sohbet ettikleri, edebî ve ilmî yerlerdi. Eski sahaf ustalarının çok belirgin bir özelliği de kitabı, parayı çok verene değil, o konunun ilgilisine satmalarıydı.

THE OLD BOOK MARKET

This market in İstanbul is the oldest to survive since Ottoman times. It is located between the Fesciler Gate of the Covered Bazaar and Beyazıt Mosque. In Ottoman times there were book stores around the medressas, or religious schools, to meet the needs of the students. When the Covered Bazaar was completed in 1460, some of the shops in the market were allotted to book sellers. The book sellers left the Covered Bazaar and moved to their present location after big fires caused by an earthquake in 1894. The Turkish word for this market is "sahaf" which means used-book seller. The trade began in the 15th and 16th centuries to accommodate medressa students around the big mosques like Fatih and Beyazıt. Quilt makers now occupy the place in the Covered Bazaar where the book sellers used to be.

Book market had the most valuable handwritten manuscripts and miniature books on display. According to Evliya Çelebi, there were 50 stores and 300 people working in the stores. The salesmen were all members of the Sellers Guild. They had to pass through stages of apprentice, experienced apprentice, and expert. The shops of the market used to open and close with a prayer.

In Ottoman era, every trade guild had a master. The first master of the book sellers' guild was Abdullah Yetimi Efendi from Basra. In that period handwritten books were popular. Therefore, the shops were surrounded with calligraphers, book binders, illuminators, paper sellers, pen sellers, ink sellers. Book auctions were held on Tuesdays and Fridays. Rare books passed from hand to hand. Knowledgeable book lovers attended the famous auctions. Women peddlers (Bohcaci) used to take rare manuscripts to the homes of book lovers to sell for a great deal higher prices.

İbrahim Müteferrika set up a printing shop in the 1720's. The first book to be printed was "The Vankulu Dictionary" written by Cevheri in the late 16th century and translated into Ottoman Turkish by Müderris Mehmet Efendi in 1726. However, for a long time the old book sellers were not interested in printed books, therefore, calligraphers nearby, continued to copy by hand.

The translator for the French Embassy in the 17th century, A. Gallard, wrote a distinct observation about the book sellers: "Let me add that Turks do not enjoy printed books. Although they agree that it is easier to read, they still prefer even a poorly handwritten book to a well-printed one. I have seen the printed work of İbn-i Sina, which has the most beautiful Arabic letters, the closest to handwriting. For a long time he has not been able to sell the book. Yet handwritten copies of the same book are sold for a very high price."

In the past the Old Book Market was frequented by book lovers, writers, and scientists. It was a place to chat as well as, a literary and scholarly center. The old book sellers had a unique philosophy; they did not sell to the person who would pay the highest price, but to the person who was most interested in the subject.

elif kitabevi

Hamamlar / Hammams

CAĞALOĞLU HAMAMI

Tarihî Cağaloğlu Hamamı'nın kimin tarafından yapıldığı ve kesin yapılış tarihi bilinmemektedir. Buna rağmen mimari özellikleri incelendiğinde 1740'lı yıllarda yapılmış olabileceği tahmin edilen Hamam, dünyanın tek turistik hamamı olma özelliğini günümüzde de sürdürmektedir.

XVIII. yüzyıl Türk yapı şaheserlerinden biri olarak gösterilen Hamam, 1968 yılından beri Faris Çağdaş tarafından işletilmektedir. Birçok ünlüyü ağırlayan, filmler, klipler, reklamlar çekilen, belgesellere işlenen, defileler düzenlenen, *New York Times Gazetesi* ve *Geo, Stern, Bunte, Paris Match* gibi dergilere konu olan Cağaloğlu Hamamı'nı ziyaret eden ünlü konuklar arasında İngiltere Kralı VIII. Edward, Franz Liszt, Florance Nightingale, Nelson Rockefeller, Rus Balet Rudolf Nureyev gibi yabancıların yanı sıra, iş dünyasının tanınmış isimleri de yer almaktadır. Hamam, içlerinde Indiana Jones'un da olduğu ünlü 138 filme mekân olmuştur.

Erkekler hamamı bölümünün büyük kubbe ile örtülmüş kısmının ortasında sanatsal değere sahip içi fıskiyeli mermer bir havuz bulunmaktadır. Hamamda sekiz büyük mermer sütun arasında, sekiz dantelli kemer üzerine oturtulmuş büyük kubbe ile örtülü harare (asıl yıkanma yeri), görkemli bir düzene sahiptir. Büyük göbek taşı etrafında dört köşede dört halvet ve bu halvetler arasında üç sofa yer alır.

Türk hamamında iki türlü yıkanma yapılırken, 1-2 saat boyunca hem vücut hem de beyin yıkanmış olur. Hamamın kafe bölümünde ise sıcak veya soğuk içeceklerle yorgunluk atılır.

THE CAĞALOĞLU BATH

The architect and year built of historical Cağaloğlu bath is unknown. The special architectural features of the bath, places it in the year 1740's. It continues today to be the world's only touristic bath.

An 18th century masterpiece of Ottaman construction, the bath has been managed by Faris Çağdaş since 1968. It has welcomed many famous people, has been the subject of many films, video clips, documentaries, fashion shows, has been written about in "The New York Times," "Geo," "Stern," "Bunte," and "Paris Match." Famous people have visited it, including the King of England, Edward VIII, Franz Liszt, Florence Nightingale, Nelson Rockefeller, and Rudolf Nureyev, the Russian ballet dancer. Also many well-known names in the business world have visited the bath. The interior was the setting for the famous Indiana Jones movie as well as 138 more movies.

In the middle of the men's section of the bath, covered with a large dome, is a pool which is a work of art. It is marble with water spurting out from within. Eight tall columns separated by eight arches support the large dome. The dome and the washing area are in a perfect arrangement. There are four private rooms and three large rooms surrounding the large marble slab. A Turkish bath cleanses in two ways the mind and the body. There is a café within the complex where hot or cold drinks diminish the fatigue after a bath.

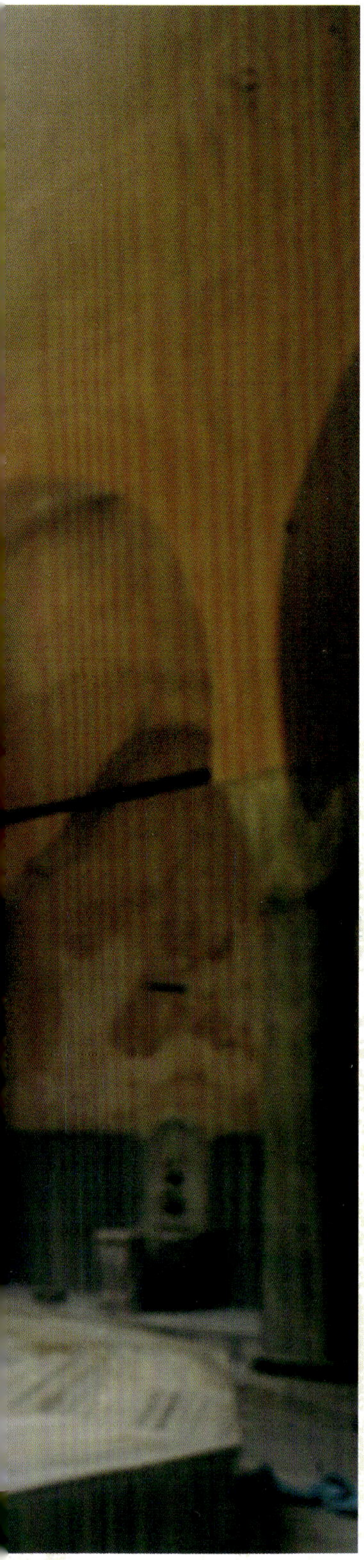

ÇEMBERLİTAŞ HAMAMI

Çemberlitaş'ta Divanyolu üzerinde, Çemberlitaş anıtı civanında yer alır. Sultan III. Murat'ın annesi Nurbanu Sultan tarafından, Üsküdar'daki Atik Valide Camii ve Külliyesi'ne gelir temin etmek maksadıyla 1584'te yaptırılmıştır. Hamam bir Mimar Sinan yapıtıdır. Aslında kadınlar ve erkekler için ayrı kısımları olan bir çifte hamam olarak yapılmış; fakat Sultan Abdülaziz döneminde (1861-1876) yapılan yol genişletme çalışmaları esnasında, kadınlar bölümünün bir kısmı yıkılmıştır. Bu nedenle günümüzde sadece erkek bölümü faaldir.

ÇEMERLİTAŞ BATH

This bath is on Divanyolu, near the monument of Dikilitaş. It was built in 1584 by Sultan Murat III's mother, Nurbanu Sultan, to procure income for the Atik Valide Mosque and complex in Üsküdar. The architect for the bath was Mimar Sinan. It was built as a double bath, one section for men,the other for women. However, during the reign of Sultan Abdülaziz (1861-1876) part of the women's section was destroyed while the road was being widened. Therefore, only the men's section is in use today.

GALATASARAY HAMAMI

Galatasaray'da, Kuloğlu Mahallesi'nde Turnacıbaşı Sokağı ile Çapanoğlu Sokağı'nın kavşağında yer alır. 1715 yılında halka açık bir çarşı hamamı olarak inşa edilmiştir. Klasik Türk hamam mimarisiyle yapılmıştır. 1965 yılında geçirdiği tadilatta tasarımının ana hatları korunmuş; fakat mimari ayrıntılar ve iç aksam yenilenerek özgünlüğünü yitirmiştir. Aslında tek hamam olarak inşa edilmiş bu yapıya, 1965'te yapılan tadilatta küçük bir kadınlar bölümü de eklenmiştir. Bakımlı bir durumda günümüze ulaşan Hamam, halen faaliyetini sürdürmekte; yerli müşterilerin yanı sıra, yabancı turistlere de hizmet vermektedir.

GALATASARAY BATH

This Turkish bath is at the junction of Turnacıbaşı St. in Kuloğlu district and Çapanoğlu St. Built as a market bath, it was opened to the public in 1715. It was built in classical Ottoman architectural style. During restoration in 1965, though the main structure was kept, the originality of its architecture and the interior were destroyed.

The bath was actually made only for men, but in 1965 during the restoration, a small women's section was added. The bath has been well maintained, and today foreign tourists as well as local customers use the bath frequently.

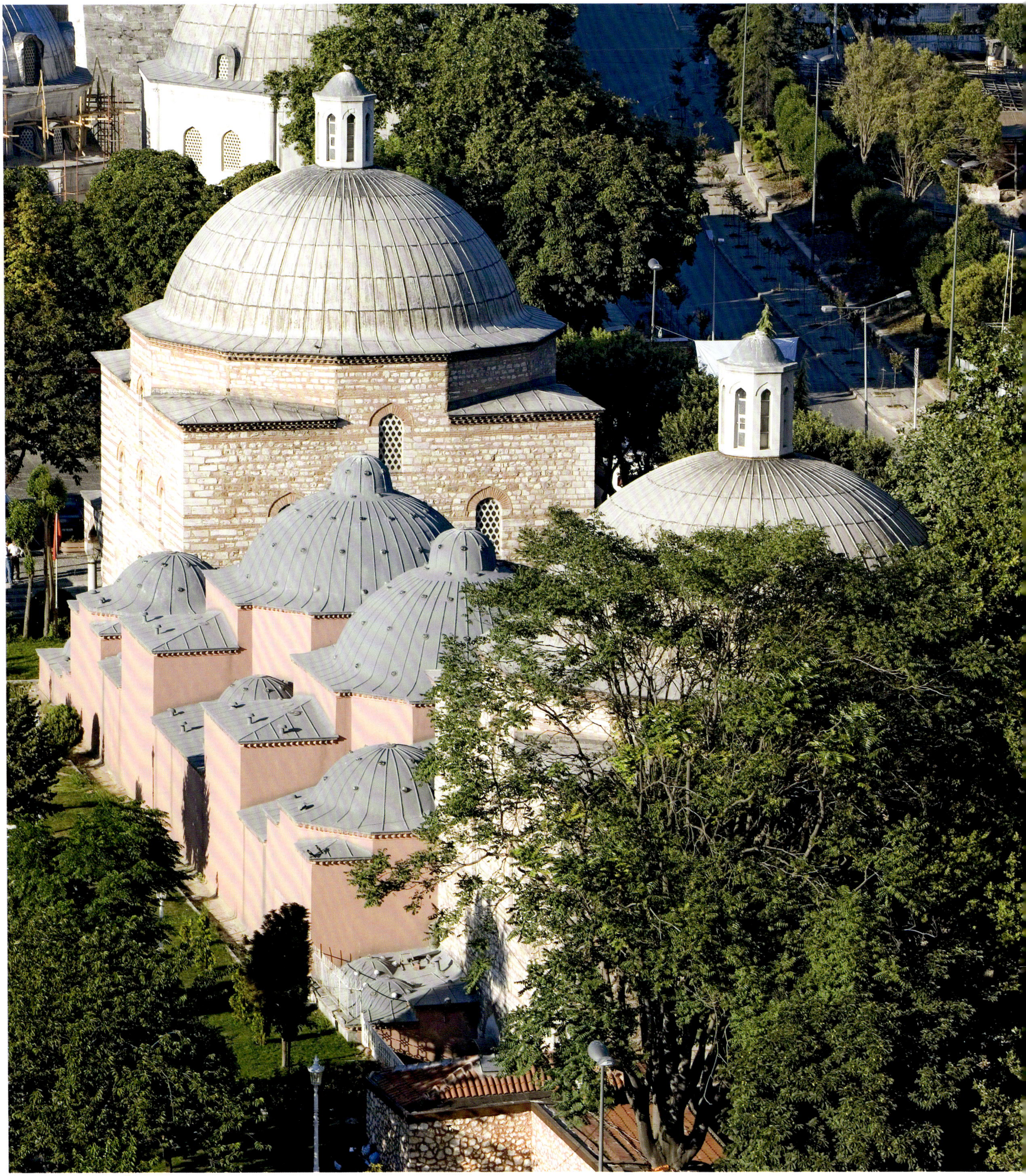

HASEKİ BATH

This bath has an important place in Ottoman architecture. Unfortunately no baths from Roman or Byzantine times have survived in İstanbul. However, the plans of Turkish baths are known to be similar to Byzantine ones.

The Haseki Bath was made by Mimar Sinan in the years 1556-1557. It was commissioned by Hürrem Sultan, head of the bodyguards who guarded the sultan, called "Haseki". It is a double bath with an unusual arrangement. Generally the double baths were built to adjoin back to back. The Haseki bath is a long rectangular structure, stretching from north to south. The men's section is to the north, the women's to the south. The two sections are symmetrical, The difference between the two is the entrances. The men's section has an arched entrance, the women's is unarched. Also the women's door is located in the western facade. Both sections have changing rooms, warm and hot areas. There is a dome above the changing room which has lantern for the light in center. The rectangular warm room is covered by three domes. The hot room is domed in the center, has four iwans and four private rooms in the corners.

Restored in 1980, today the Haseki Bath is used to display and sell rugs.

HASEKİ HAMAMI

Hamam, Osmanlı mimarisinde önemli bir yer tutar. İstanbul'da Roma ve Bizans döneminden maalesef hamam kalmamıştır. Ancak Osmanlı hamamlarının, Bizans hamam planlarına uygun olduğu bilinmektedir.

Haseki Hamamı, Kanuni Sultan Süleyman'ın baş hasekisi Hürrem Sultan tarafından 1556–1557 yılında Mimar Sinan'a yaptırılmıştır. Yapı, çifte planlıdır. Hamam değişik plan düzenlemesi ile dikkati çekmektedir. Çifte planlı hamamlar genellikle sırt sırta bitişik vaziyette inşa edilirken, dikdörtgen şeklindeki Haseki Hamamı kuzey-güney yönünde uzanmaktadır. Erkekler kısmı kuzeye, kadınlar kısmı ise güneye yerleştirilmiştir. Erkekler ve kadınlar kısmı birbirinin simetriğidir. Birbirlerinden farkları giriş kısımlarının değişik şekilde düzenlenmesiyle oluşturulmuştur. Erkekler kısmının girişi revaklı, kadınlar kısmı revaksız olarak inşa edilmiş ve kadınlar kısmının kapısı batı cepheye yerleştirilmiştir. Her iki kısım da soyunmalık, ılıklık ve sıcaklık mekânlarından oluşmaktadır. Soyunmalığın üzeri kubbe ile örtülüdür ve kubbenin ortasında aydınlık feneri yer alır. Enine dikdörtgen planlı ılıklık üç kubbe ile örtülüdür. Sıcaklık ortada kubbe ile örtülüdür. Sıcaklıkta dört eyvan ile dört adet köşe halvet hücreleri yer almaktadır.

1980 yılında restore edilen Haseki Hamamı, günümüzde halı teşhir ve satış mekânı olarak kullanılmaktadır.

Haliç / The Golden Horn

EYÜP İLÇESİ VE EYÜP SULTAN TÜRBESİ

Osmanlı Sultanları ve halkın gözünde kutsal bir yer sayıldığı için Eyüp, en değerli sanat ve kültür eserlerinin toplandığı bir merkez olarak gelişmiştir. Ebu Eyyûb'un ahirette şefaatini kazanmak ümidiyle imparatorluğun seçkin kişileri burada türbelerini yaptırmışlardır. Eyüp'te birçok vakıf tesisi kurulmasının yanında, zamanla Eyüp Sultan büyük bir mezarlık haline gelmiş ve âdeta İstanbul'un en seçkin kabristanı olmuştur. Ayrıca

THE TOMB OF EYÜP SULTAN AND THE EYÜP DISTRICT

This district which is considered a holy place by the Ottoman sultans and by the people, has developed as a center where the most precious art and cultural works are collected. The tombs of the most distinguished people of the Empire are here, in hopes that Ebu Eyyûb would intercede for them in the afterworld. As well as many religious foundations, in due time the area has become a large graveyard, Istanbul's most elite cemetery.

yeni tahta çıkan her Osmanlı sultanına Eyüp Sultan Türbesi'nde devrin en büyük tarikat şeyhi veya şeyhülislam tarafından kılıç kuşatılırdı. "Taklid-i Seyf" adı verilen bu merasim, tahta oturmak için biat merasimi kadar önemliydi. Saltanatın en mukaddes eşyasından sayılan Peygamber'in Sancağı da 1703 Patrona Halil İsyanı'na kadar Eyüp Sultan Türbesi'nde saklanmış, sonra Topkapı Sarayı'nda Harem Dairesi'ne alınmıştır. Özetle, Eyüp Sultan, Osmanlı siyasi düzeninde, son derece önemli bir makam oluşturmaktaydı.

Eyüp, Osmanlı Türk mimarisi, çinicilik ve hat sanatları bakımından da eşsiz bir müze durumundadır. Eyüp Sultan, aynı zamanda en önemli tekkelerin toplandığı bir merkezdir. Tekkelerin, Türk tasavvuf, edebiyat ve sanat tarihindeki seçkin yeri göz önüne alındığında, Eyüp Sultan bir fikir ve sanat merkezidir. Fatih Sultan Mehmet ve II. Beyazıt, İstanbul'un yeniden iskânı için özel bir çaba harcamışlardır. Fatih Sultan Mehmet zamanında İstanbul'un iskânı için uygulanan politikalar çerçevesinde, Eyüp Sultan Külliyesi çevresine Bursa'dan gelenler yerleştirilmiştir. Daha sonra da nüfusun artırılması için İstanbul'a ve Eyüp'e göçmen kabul edilmiştir. Çektiği göçmen tipine bakılarak Eyüp'ün Balkanların bir parçası olduğu söylenebilir. Eyüp, işlevsel olarak İstanbul'a bağımlı küçük bir kasaba, önemli bir dinî ziyaret merkezi ve büyük bir mezarlık alanı olarak kullanılmıştır. Fakat yönetim bakımından, güneyde Büyükçekmece'den, kuzeyde Arnavutköy'e kadar uzanan İstanbul'un Rumeli'deki iç bölgesini kapsayan bağımsız bir kaza olan Haslar kazasının merkeziydi. Çok sayıda kayık ve su yolları ile işlek karayollarının varlığı, kırsal alandan kaza merkezine taşımacılığın, başkentin merkeze uzak ve karaya dönük diğer bölgelerine oranla, çok daha kolay olmasını sağlamıştır.

In addition, as each Ottoman sultan ascended to the throne, he had his sword girded on by the sheik of the Dervish here at the tomb of Eyüp Sultan. This ceremony, called "Taklid-i Seyf", was as important a ceremony as that of the acknowledgement of allegiance. The flag of the Prophet, considered the most holy item of the sultanate, was kept in the tomb of Eyüp Sultan until the "Patrona Halil" uprising in 1703, after which time it was taken to the Harem in Topkapı Palace. In short, in the Ottoman political order, Eyup Sultan was a most important place.

Eyüp is a peerless museum, with its Ottoman Turkish architecture and its tile and calligraphy artistry. At the same time, it is where the most important Dervish lodges are gathered. Taking into consideration that the Dervish lodges have a unique place in Turkish Sufism, literature, and art, it can be said that Eyüp Sultan is a center for intellect as well as art.

Mehmet the Conqueror and Beyazıt II spent much effort to resettle Istanbul. Within the political environment of the settlements in the Conqueror's time, the environs of Eyüp were settled by people from Bursa. Later, to increase the population, immigrants were accepted in Istanbul and to Eyüp. It seems that Eyüp received some immigrants from the Balkans.

In function Eyüp is both a little town connected to İstanbul and an important religious visitation center. However, from an administrative point of view, it is an independent provincial subdivision, the district stretching from Büyükçekmece in the south to Arnavutköy in the north, incorporating the hinterlands of Rumeli. Haslar is the center of the province. With many waterways and roads, it is easy for produce from the agricultural parts to be transported to the province center.

EYÜP SULTAN CAMİİ

Asırlık ağaçlar, uçuşan güvercinler, namaz kılanlar, dua ve ziyaret edenler, türbe ve cami civarını mistik, renkli bir atmosfere büründürür. Avludaki türbenin duvarları değişik çağların çinileriyle kaplıdır. Tarihî kaynaklar bu semtin Bizans devrinde de kutsal bir yerleşim yeri olduğunu; aziz bir kimsenin yatırının ziyaret edilerek yağmur duaları yapıldığını söylemektedir. Cami etrafı ve civar yamaçlar, mezarlıklarla çevrili olup meşhur Pierre Loti kahvesi de bu semtte bulunmaktadır. İstanbul âşığı şair ve yazar Loti sık sık buraya gelerek Haliç'in o zamanki güzel ve doyumsuz manzarasını seyrettiği söylenmektedir.

Eyüp semtinin merkezinde, Haliç kenarındaki Eyüp Sultan Külliyesi içinde bulunan Eyüp Sultan Camii, İslam dünyasının önemli ziyaretgâhlarından biridir. Cami'nin de içinde yer aldığı Eyüp Sultan Külliyesi; Cami, Türbe, Hamam ve günümüze ulaşmayan Medrese ve İmaretten oluşmaktaydı. Külliyenin ilk inşa edilen kısmının Türbe olduğu bilinmektedir. Türbe, adını Hz. Muhammed'i Medine'ye ilk geldiğinde evinde misafir eden Hz. Ebu Eyûb el-Ensari isimli sahabiden almaktadır. Halk arasında "Eyüp Sultan" olarak adlandırılan bu kişi, Emevilerin 668-669'daki İstanbul kuşatmasına katılarak bu savaşta şehit olmuştur. Mezarının bulunduğu yeri İstanbul'un fethinden sonra Fatih Sultan Mehmet'in hocası Akşemsettin rüyasında görmüş ve buraya türbesi yaptırılmıştır. 1459 yılında ise yine Fatih Sultan Mehmet tarafından Türbe'nin yanına Cami, Medrese, İmaret ve Hamam yaptırılmış böylece külliye oluşturulmuştur.

Yaptırılan bu ilk cami 1766 yılındaki depremde çok büyük zarar görmüş ve tamir edilemeyeceği anlaşılınca, Sultan III. Selim tarafından 1798'de tamamen yıktırılarak yerine yeni bir cami yaptırılmıştır. Bu yeni cami 1800 yılında tamamlanmış ve padişahın katıldığı bir törenle ibadete açılmıştır. Günümüze kadar ulaşan bu ikinci cami Eyüp Sultan Camii'dir. Caminin 17.50 metre çapında bir ana kubbesi ve oldukça uzun iki minaresi vardır. Cami iç süslemeleri sadedir ve bu açıdan XVIII. yüzyıl camilerinden farklıdır. Mihrabındaki altın yaldızla kaplanmış süslemeleri dikkat çekicidir. Osmanlı padişahları tahta geçtiklerinde burada Osman'ın kılıcını kuşanmışlardır.

THE MOSQUE OF EYÜP SULTAN

Centuries-old trees, pigeons flying in the air, people praying or strolling about, the faithful kneeling in prayer...the tombs and the mosque of Eyüp are filled with a mystical, vibrant atmosphere. The walls of the tombs in the courtyard are overlaid with tiles from different centuries. Historical sources verify that this was a holy site in Byzantine times; it is said that people would come here to pray for rain at the grave of a saint. Hills encircle the mosque and its vicinity. The famous French poet and writer, Pierre Loti, who was in love with İstanbul, used to come here and contemplate looking at the beautiful view. A coffeehouse in his name is on top of a hill, surrounded by gravestones.

Located in the center of the Eyüp district, on the shore of the Golden Horn, the Eyüp complex includes the mosque, tombs, and a Turkish bath. There was also a medressa and a soup kitchen that do not exist today. The complex is an important place for visitors from the Islamic world. The first construction of the complex was a tomb named for the man who had hosted the prophet Mohammed when he went to Medina. This man's name was Ebu Eyüp el-Ensari. Known among people as Eyup Sultan, he had joined in the siege of Istanbul in 668-669 and had died as a hero in that battle. After the conquest of İstanbul in 1453, Mehmet the Conqueror's teacher Akşemsettin, had a dream about Eyüp Sultan. Thus, his tomb was built at the site identified in this dream. In 1459 Sultan Mehmet added a medressa, kitchen, and bath to the mosque, forming a complex.

The first mosque was so badly damaged by an earthquake in 1766 that it was deemed irreparable. Therefore, Sultan Selim III had the building torn down in 1798 and a new mosque built. This new mosque was completed in 1800, and in a ceremony attended by the sultan, was opened for worship. It is now one of the two mosques that have survived up to know. The mosque has a dome 17.50m in diameter and two very tall minarets. The inside of the mosque is quite plain, in contrast to most 18th century mosques. The gilding under the mihrab is attractive. When Ottoman sultans came to the throne, the sword of Osman was girded on here in this mosque.

PİERRE LOTI

Eyüp Sultan Camii'nin yanındaki mezarlıkların arasından merdivenleri tırmandığınızda yolun sonunda karşınıza tarihî Pierre Loti Kahvesi çıkar. Birkaç yüz yıllık geçmişe sahip bu Kahve, eşsiz manzarasıyla ünlüdür. XIX. yüzyılın sonlarına kadar "Rabia Kadın Kahvehanesi" olarak bilinen; fakat Fransız yazar Pierre Loti burayı mekân tutmaya başladıktan sonra Pierre Loti Kahvesi olarak adlandırılmıştır. Yıllardır âşıkların, kendisiyle buluşmak ve şehirden kaçarak ruhani bir huzur solumak isteyenlerin durağıdır. Loti, 1850–1923 yılları arasında yaşamış ünlü Fransız yazar ve oryantalisttir. Deniz subayı olan Pierre Loti, Türkiye'ye ilk kez 1876 yılında gelmiş ve bir yıl kalmıştır. Eyüp sırtlarındaki tarihî Kahve'yi de o yıllarda keşfetmiştir. Haliç'in büyüsünün yanı sıra, Pierre Loti'yi oraya çeken bir diğer unsur da Aziyade ismindeki evli bir Osmanlı hanımının olduğu söylenmektedir.

PIERRE LOTI

The Historical Pierre Loti Coffeehouse can be reached by climbing (the steps through the cemetery beside Eyüp Sultan Mosque). Centuries-old coffeehouse is famous for its magnificent view of the Golden Horn. Until the end of the 19th century it was known as the Rabia Kadın Coffeehouse, but after the French writer Pierre Loti began to visit the coffeehouse frequently, it became known by his name. For years the coffeehouse has been a meeting place for lovers, a place where they can draw a spiritual breathe of peace away from the city.

Loti (1850-1923) was a famous French writer and orientalist. A naval officer, Pierre Loti came to Turkey for the first time in 1876 and stayed one year. He discovered the historical coffeehouse that year. It was not only the beauty

Fransa'da evlendiği söylenen Pierre Loti ile Aziyade arasında büyük bir aşk olduğu, yıllarca efsane gibi dilden dile aktarılmıştır. Pierre Loti aynı isimli romanında Aziyade'ye olan aşkını gizlememiştir. Pierre Loti'nin tutkunu olduğu bu Kahve, Pierre Loti olarak anılmış ve bulunduğu tepeye de Loti'nin anısına Pierre Loti Tepesi adı verilmiştir. Bu tarihî kahvenin hemen bitişiğindeki eski merdivenlerden çıkınca sağ tarafta 1997 yılında Pierre Loti Tepesi'ndeki yapıları kamulaştırarak bölgeyi turizme kazandırmak amacıyla başlatılan projenin ürünleri karşımıza çıkmaktadır. Metruk evlerin yerini Osmanlı-Türk mimarisine uygun ahşap konaklar almıştır. Mevcut yapıları muhafaza edilen turistik kompleksin yapımı 2000 yılında tamamlanmıştır. Otel olarak hizmet veren altı konağa, Pierre Loti'ye yakın semtlerin isimleri verilmiştir. Ayvansaray, Sütlüce, Eyüp, Balat, Hasköy ve Fener konakları 'Turquoise Butik Otel' olarak turizme açılmış, 68 odalı ve130 yatak kapasitesine sahip bir hotel haline gelmiştir. İç mekânlar tesislerin içinde bulunduğu tarihî atmosfere uygun eşyalarla dekore edilmiştir.

Tesisin bulunduğu bahçe zevkli bir peyzaj çalışmasıyla ziyaretçilerin rahatça gezebilecekleri bir alana dönüştürülmüştür. Pierre Loti'de konakların yanı sıra, tarihî eserler de restore edilmiştir. Örneğin, 250 yıl önce İdris-i Bitlisî tarafından yaptırılan Sübyan Mektebi'nin restorasyonu tarihî mimari'nin korunmasına katkı açısından önemlidir. Bahçedeki Niyet Kuyusu'na iki rekât namaz kılıp, niyet duasını okuduktan sonra gelenler, kuyunun içine baktıklarında kaybettikleri değerli bir şeyin nerede olduğunu gördüklerine inanmaktadırlar. Tesisin girişinde attan düşen Ali Paşa'nın kabri de bulunmaktadır. Rivayete göre, merhum Paşa'nın padişahla arası açılmış ve görevinden alınmıştır. Bir süre sonra padişah tarafından itibarı iade edilmiş; fakat bu kez attan düşüp vefat etmiştir.

of the Golden Horn that drew him there; it was also a married Ottoman woman called Aziyade. The great love between Loti, who was married in France, and Aziyade has been talked about for years until it has become legendary. In his novel, Aziyade, Pierre Loti makes no secret of his romance. The coffeehouse is named for him, as is the hill around it.

Right next to the coffeehouse, to the right of the steps, is a touristic project expropriated in 1997 for tourist attraction to the area. Wooden houses in the architectural style of Ottoman Turkey have replaced abandoned houses. The project was completed in the year 2000. The six houses were given the names of nearby districts-- "Ayvansaray," "Sütlüce," "Eyüp," "Balat," "Hasköy," and "Fener"--and opened under the general name "The Turquoise Boutique Hotel." The hotel compound has 68 rooms, 130 beds. The interior has been decorated with suitable furnishings to create a historical atmosphere.

Visitors are able to wonder comfortably through the gardens of the compound, which have been tastefully landscaped in the garden where there is a wishing well. It is believed that if one looks into the well after praying, he will see the place where the valuable object he has lost can be found. At the entrance of the compound is the grave of Ali Pasha, who fell off his horse. According to rumor, the pasha and the sultan had a misunderstanding and the pasha was dismissed from his duty. However, the sultan restored his honor, but then the pasha fell off his horse and died.

In addition to the Pierre Loti Compound, other historical sights have also been restored in the area. For example, the restoration of a school constructed 250 years ago by İdris-i Bitlisi is an important addition to the preservation of historical architecture.

Kilise ve Sinagoglar
Churches and Sinagogs

SAINT ANTOINE

Beyoğlu'nda İstiklal Caddesi üzerinde, Galatasaray'dan Tünel'e doğru sol kolda bulunmaktadır.

İnşasına 1906 yılında başlanmış ve 1912 yılında tamamlanarak hizmete girmiştir. Mimarı İstanbul doğumlu olan Giulio Mongeri'dir. İtalyan rahipler tarafından yönetilen kilise, İstanbul'daki en büyük ve cemaati en geniş Katolik kilisesidir.

Bir avlu içerisinde kurulan kiliseye, ön cadde üzerinde gelir temin etmek maksadıyla yapılan iki apartmanın arasındaki kapıdan girilir. Kilise betonarme olarak ve İtalyan Neogotik üslubunda inşa edilmiştir.

SAINT ANTOINE CATHEDRAL

The Cathedral of St. Antoine is located on the left side of Istiklal Avenue in Beyoglu on the way from Galatasaray to Tünel. The construction of the church begun in 1906 and completed and opened for services in 1912. The architect was Guilo Mongeri, who was born in Istanbul Under the direction of Italian monks; it is the principle Catholic Church in Istanbul, with the largest congregation.

Built within a courtyard, the entrance door of the church is between two apartment buildings on the main street, which were built to assure income for the church. The church is made of concrete in the Italian Neogothic style.

FENER RUM ORTODOKS PATRİKANESİ KİLİSESİ

Fener'de, Sadrazam Ali Paşa Caddesi ile İncebel Sokağı arasında bulunmaktadır. Rum Ortodoks Patrikhanesi de bu kilisenin avlusunda yer almaktadır. 16. yüzyılda manastır olarak kullanılan Aya Yorgi'ye, Patrikhane 1602 yılında taşınmıştır. O günden bu yana, defalarca çeşitli sebeplerle hasar görmüş ve tamir edilmiştir. En son 1941 yılındaki yangında büyük hasara uğramış ve 1989 yılında başlatılan tamirat çalışmaları 1991 yılında tamamlanmıştır.

Kilise, mimari olarak pek değerli ve gösterişli değildir. Ancak içerisinde bazı çok değerli eşyalar vardır. 5. yüzyıldan kaldığı söylenen patrik tahtı, dünyada benzeri çok az sayıda bulunan üç mozaik ikon, Kudüs'te Hz. İsa'nın bağlanarak kırbaçlandığı kabul edilen bir sütun ve üç azizeye ait tabutlar bunların başlıcalarındandır.

THE CATHEDRAL OF GREEK ORTHODOX PATRIARCHATE

The Greek Orthodox Cathedral is located between Sadrazam Ali Pasha Avenue and Incebel Street in Fener. The Orthodox Patriarchate is adjacent to the cathedral in the same courtyard. The Patriarchate moved to St. Yorgi in 1602. Since then it has weathered much damage and undergone repair for various reasons. The latest disaster was a fire in 1941 in which it suffered a lot of damage. Repair work began in 1989 and was completed in 1991.

From an architectural point of view the church is neither very valuable nor very appealing. However, there are some very valuable articles inside. Among these articles is a patriarchal throne, which is claimed to be of the 5th century. In addition there are three very rare mosaic icons, a column from Jerusalem which Jesus was tied and whipped, and the coffins of three saints.

STEPHAN (BULGAR) KİLİSESİ

Bulgar azınlığa ait bu kilise belki de İstanbul'un en ilginç kilisesidir. Osmanlı Devleti'nin Bulgar uyrukluları, daha önceleri Fener Ortodoks Patrikhanesi'ne bağlı kiliselerde ibadet ederlerdi. 19. yüzyılda milliyetçilik akımlarının etkisiyle olsa gerek, Bulgarlar kendi kiliselerine sahip olmak için devletten izin aldılar. Kilisenin bugün bulunduğu yer olan Balat'la Fener arasında ve Haliç kıyısındaki alanda ilk önce küçük ve ahşap bir kilise inşa edildi. Daha sonra büyük bir kilise yaptırmak için çalışmalar başlatıldı. Zeminin zayıf olmasından ötürü betonarme yerine daha hafif olduğu için demir iskelet yöntemi tercih edildi.

Kilisenin projesini İstanbullu bir Ermeni olan Hovsep Aznavur yaptı. Kilisenin prefabrik parçalarının yapılması için uluslararası bir yarışma açıldı ve Wagner isimli bir Avusturya firması bu yarışmayı kazandı. Viyana'da imal edilen parçalar Tuna Nehri ve Karadeniz üzerinden gemiyle İstanbul'a taşındı. Yaklaşık bir buçuk yıllık bir çalışmadan sonra 1898 yılında şimdiki yerine kuruldu.

Kilisenin taşıyıcı profilleri çelikten yapılmış ve üzeri saç ve döküm levhalarla kaplanmıştır. Bütün parçalar birbirlerine cıvata, somun, perçin veya kaynakla birleştirilmiştir. Mimari stil açısından neo-gotik ve neo-barok öğeler içermektedir.

STEPHAN (BULGARIAN) CHURCH

This church, which belongs to the Bulgarian minority, is perhaps Istanbul's most unusual church. During Ottoman era Bulgarians originally worshiped at churches connected to the Greek Orthodox Patriarchy. However, in the 19th century, probably influenced by ethnic currents, the Bulgarians obtained permission to have their own church. A small wooden church was first erected on the site of the present church between Balat and Fener on the shore of the Golden Horn. Later it was decided to build a large church. Since the ground was weak, an iron frame, being lighter, was preferred to concrete.

The project was undertaken by an Armenian from Istanbul, Hovsep Aznavur. An international competition was opened to prepare pre-fabricated parts for the church. The contest was won by an Austrian firm called "Wagner". The parts were built in Vienna and transported by the Danube River and the Black Sea into Istanbul. After one and a half years of work, in 1898, the church was erected in its present location.

The building's conveyor profiles were made of steel, overlaid with slabs of sheet iron and casting. The parts were united with screws, nuts and bolts, and welding. The architectural style is a combination of neo-gothic and neo-baroque elements.

NEVE ŞALOM SİNAGOGU

Sinagog, Beyoğlu Kuledibi'nde Büyük Hendek Caddesi üzerindedir. "Barış vahası" anlamına gelen bir Musevi ilkokulunun jimnastik salonunun yeniden düzenlenmesiyle, inşa edilmiştir.

Sinagog, 1938 yılında ibadethane haline getirilmiş ama gerekli izinler alınamadığı için kullanılamamıştır. Ancak 1949 yılında izin alınarak İstanbul Teknik Üniversitesi'nden yeni mezun olmuş iki Musevi; Elio Ventura, Bernard Motola tarafından projesi hazırlanmıştır. Neve Şalom 1951 yılında ibadete açılmıştır. Sekiz ton ağırlığında bir avizeyi taşıyan kubbesi, camları İngiltere'den özel ithal edilen vitrayları ve mermer işleri çok dikkat çeker.

Her yıl sayısız düğün, Bar-mitzva ve cenaze töreni gibi birçok anlamlı kutlamanın birbirini izlediği Neve Şalom Sinagogu'nun 50 yıllık tarihinin en önemli olayları arasında 2 Mart 1953 günü hahambaşı Rafael Saban ve 7 Aralık 1962 günü hahambaşı David Aseo'nun "İs'ad" törenleri ile 6 Eylül 1986 günü 22 musevinin ölümü ile sonuçlanan yabancı uyruklu terörist saldırısı bulunmaktadır. Neve Şalom Sinagogu 1 Mart 1992 günü iki teröristin bombalı saldırısına hedef olduysa da önceden alınan önlemler sayesinde bir hasar meydana gelmediği gibi suçlular da yakalanmıştı.

Bu olaydan 3 gün önce Neve Şalom çok anlamlı bir törene sahne olmuştur. 500 yıl önce İspanya'dan kovularak gelen Sefarad Yahudilerinin torunları tarafından Türk topraklarına kabul edilip kendilerine kucak açılışının 500. yıldönümünde Türk ulusuna minnet duygularını belirten bir şükran duası okunmuştu. Bugünkü Neve Şalom'un yerinden 15. yüzyılda İspanya'dan göç eden Sefaradların kurduğu "Aragon" sinagogunun bulunduğu iddia edilir.

NEVE SHALOM SYNAGOGUE

The synagogue is in Kuledibi of the Beyoğlu district on Buyuk Hendek Street. It was constructed as a peaceful oasis by remodeling the gymnasium of a Jewish elementary school. The synagogue was ready for worship in 1938, but, unable to obtain the necessary permission, could not be used. It wasn't until 1949 that two recent Jewish graduates of Istanbul Technical University, Elio Ventura and Bernard Motola, prepared the project. In 1951 it was open to worship. The dome carries an eight-ton chandelier; the stain glass for the windows was imported from England; and the marble work is striking.

Every year countless weddings, bar-mitzvahs, funeral services, and other significant services are held in Neve Shalom. Among the important incidents of the past 50 years are the "Is'as" ceremonies for head-rabbi Rafael Saban on March 2, 1953, and for head rabbi David Aseo on December 7, 1962. On September 6, 1986 twenty-two Jewish worshipers were murdered by foreign terrorists. On March 1, 1992 two terrorists planned an attack on the synagogue, but were apprehended before damage could be done.

Three days before this planned attack, a significant ceremony had been held in Neve Shalom. A prayer service of gratitude was held in the synagogue by the descendents of the Sephardic Jews who, 500 years before, had been welcomed with open arms on Turkish soil when they were expelled from Spain. The prayers were offered to the Turkish people.

It is said that the present Neve Shalom is on the spot where the Aragon, the synagogue of the Sephardim Jews who emigrated from Spain in the 15th century, was located.

ERMENİ PATRİKHANESİ VE MERYEMANA (SURP ASDVADZADZİN) PATRİKHANE KİLİSESİ

1641'den beri Patrikhane kilisesi olan bu yapı eskiden Bizans kilisesiyken İstanbul'un fethinden sonra Ermenilere verildi. 1718 büyük Gedikpaşa yangınında tamamen yanan kilise aynı yıl yeniden yapıldı.

1826 yılındabüyük Hocapaşa yangınında bir kez daha kül olan patrikhane geçici olarak Samatya'ya taşındıktan sonra 1828'de bugünkü haliyle tekrar açıldı. Altında Aya Teodros Ayazması vardır. 17 ağustos 1999 depreminde patrikhane ve kilise hasar gördüğü için her ikisi de yeniden onarılmıştır.

THE CHURH OF VIRGIN MARY OF THE ARMENIAN PATRIARCHATE

This church has been the property of the Armenian Patriarchate since 1641. It used to be a Byzantine Church until it was turned over to the Armenian community after the Ottoman invasion of İstanbul. In 1718 the church burned down completely during the fire in Gedikpaşa, however was rebuilt the same year. In 1826 the Patriarchate moved temporarily to Samatya after having been ruined once more during the Hocapaşa Fire.

Finally in 1828 it was reopened in its present condition. The Chapel of Aya Teodoras is adjacent to the main building. In August 17, 1999 at the Earthquake of Istanbul the building was damaged however an extensive restoration was completed in a short time.

Եկայք առ իս
վաստակեալք ու բեռնաւորք ու
հանգուցից զձեզ

Adalar / The Princes' Islands

ADALAR

İstanbul adalarının tarihine ait, Bizans öncesinden pek az bilgi vardır. Bunlar Thimkus Artemiones gibi antik çağ yazarlarının eserlerinde bulunur. Adalar'ın bilinen tarihi Bizans ile başlar, Batı ve Doğu Roma imparatorluklarının ayrılması ve Hıristiyanlığın giderek yayılması ile Adalar'da yerleşimlere manastırlarla başlanır.

Batı kaynaklarında Adalar'a verilen "Prens Adaları" adı, Doğu Roma İmparatorluğu devrinde, imparator ailesinden birçok şahsın buraya sürgün edilerek manastırlarda hapsedilmiş olmalarından gelmektedir. Adalar, sayısız trajedinin yaşandığı yerlerdir. Bizans tarihçileri bu manastırlardan ancak VIII. yüzyıldan itibaren söz etmeye başlarlar.

Bizans döneminde Adalar'da yaşayan balıkçıların, korsanların saldırılarına uğradıkları görülür. Latinler İstanbul'a geldikleri zaman (1204), Venedik Dükü Dandola'nın, Latinleri Adalar'ı yağma için kışkırttığı; ancak Latinlerin Adalar'a saldırmadıkları görülür. Adalar, 1302'de Eğriboz ve Girit korsanlarının saldırısına uğrar. Türklerin Adalar'a gelişleri, Bizans İmparatoru Manuel Paleologos dönemine rastlar.

THE ISLANDS

There is little information on the İstanbul Islands of İstanbul before the Byzantine era. It is mentioned in the works of some ancient writers of antiquity, such as Thimkus Artemiones, but verified information begins with the Byzantines. The islands began to be settled with the split of the Eastern and Western Roman Empires and the spread of Christianity.

Western sources call these islands the "Prince's Islands." The name must come from the time of the Eastern Roman Empire when royal individuals were exiled to the islands, to be imprisoned in monasteries. The islands have undoubtedly been the scene of innumerable tragedies. Byzantine historians begin to mention these monasteries in the 8th century. Fishermen who lived on the islands were often attacked by pirates. When the Latins came to İstanbul in 1204, the Venetian Duke Dandola incited the Latins to pillage the islands, but it seems they never attacked. In 1302 the islands were attacked by Eğriboz and Girit pirates. The Turks got to the islands from the Byzantine Emperor Manuel Paleologos. A sea battle between Musa

1412'de Musa Çelebi ile İmparator Manuel arasında Yassıada yakınlarında yapılan deniz savaşı, tüm adaları etkilemiştir.

İstanbul'un fethinden yaklaşık bir buçuk ay önce, Fatih Sultan Mehmet'in kenti kuşatması sırasında, 17 Nisan 1453 tarihinde Baltaoğlu Süleyman Bey, Adalar'ı ele geçirdi. İstanbul'un fethinden sonra, Adalar'daki trajedilerin yaşandığı manastırlar boşaltıldı. Adalar'daki halkın çoğu İstanbul civarındaki yerleşimlere göç etti.

Osmanlı devrinde Adalar'a, Akdeniz iklimi altında yaygın bulunan, kızıl toprakların rengiyle ilgili olarak "Kızıl Adalar" denilirdi. Aristoteles, Adalar'dan " Kadıköy'ün Adaları" diye söz etmiş; Thomas Allom, "Ruh Adaları", ünlü tarihçi Hammer, "Evliya Adaları", Deiher de benzer bir yaklaşımla "Keşiş Adaları" diye adlandırmıştı. Adalar'a; Scarlatos Byzantios, "Bahtiyar Adaları" Bizanslılar "Papaz Adaları", Grekler de "Devler Adaları" demişlerdir.

Adalar'ın en eski adlarından biri de "Cin Adaları"dır. Bazı kaynaklarda, coğrafi konumlarından ötürü "Halka Adaları" denmiştir. Adalar'ın, Batılılarca benimsenen ve yaygın olarak bilinen adı "Prens Adaları"dır. Diğer tarihsel bir adı da "Pityusa"dır. Bugün, "Adalar" adı kullanılmaktadır.

Adalar, Osmanlı İmparatorluğu döneminde, XIX. yüzyıl ortalarına kadar kendi haline terk edilmiş, 1839 Tanzimat Fermanı ile yabancılara mülk edinme olanağı tanıyan yasal düzenleme sonunda hızla gelişme sürecine girmiştir. İlk kez Fransızlar Adalar'ı sayfiye olarak seçmişlerdir. Türklerin Adalar'a yerleşmesi daha sonra gerçekleşmiştir.

Adalar'ın giderek önem kazanmasına neden olan bir diğer gelişme ise, İstanbul ve Kadıköy arasında 1846'dan itibaren düzenli vapur seferlerinin başlatılması olmuştur. İstanbul'un zenginleri, azınlıklar ve yabancı uyruklular bu gelişme sürecinde Adalar'ı bir sayfiye haline getirmişlerdir. Bu gelişme sonunda İstanbul'da kurulan ilk üç belediye dairesinden biri, "Yedinci Daire" diye anılan Adalar Belediyesi olmuştur. Büyükada, Heybeliada, Kınalıada ve Burgazadası İstanbul'un belli başlı adalarıdır. Adalar, Asya yakasındaki Pendik ve kartal ilçelerinin karşısında, Marmara Denizi'nin güneydoğusundadır. İstanbul Kabataş'tan bir buçuk saat, Asya yakasında Bostancı'dan 45 dakikada gidilir. Adalarda motorlu araçlar yerine at arabaları (Payton) kullanılır.

Çelebi and the Emperor Manuel took place near Yassı Island in 1412, affecting all the islands.

In 1453, about one and a half months before the conquest of İstanbul, while Mehmet the Conqueror was surrounding the city, Baltaoğlu Süleyman Bey conquered the island. Consequently, the monasteries, which had been the scene of so many tragedies, were emptied. Most of the island population emigrated to settlements around İstanbul.

The islands have had many names. In Ottoman times they were called the "Red Islands" because of the red color of the soil, common in Mediterranean climates. Aristoteles referred to them as "The Islands of Kadıköy," Thomas Allom as "Soul Islands," the famous historian Hammer as "Saint's Islands," Deiher as "Monks' Islands," Scarlatos Byzantios as"Happiness Islands," the Byzantines as "Priest's Islands,“ the Greeks as "Giants' Islands." One of the oldest names for the islands is "Jinn Islands." Some sources call them the "Ring Islands" because of their geographical shape. Westerners call them the "Prince's Islands." Another historical name is "Pityusa." Today they are called as "the Islands". During the Ottoman era the islands were abandoned to their fate until the middle of the 19th century. After the political reform edict of 1839 which gave foreigners the right to own property, the islands underwent a speedy development. It was the French who first chose them as a summer vacation spot. Turks came later. Another reason why the islands gained importance was the regular ferryboat service to and from Istanbul and Kadıkoy which began in 1846. İstanbul's wealthy minorities and foreigners made the islands a very popular place for summer residences. After this development one of the three townships of İstanbul, the 7th township, became the township of the islands.

The most well-known of the islands are Büyükada, Heybeliada, Kınalada, and Burgazadası.

They are situated in the Marmara sea across Pendik and Kartal, the towns on Asian side. They can be reached by the ferry boats from İstanbul in 1,30 hours from Kabataş in European 45 minutes from Bostancı in Asian side. Instead of cars horse carriages are used for transportation on the islands.

AYA TRİADA KİLİSESİ

Yazılı kaynaklara ve birçok tarihçiye göre manastır ilk defa İstanbul Patriği Aziz Fotios tarafından IX. yüzyılda kurulmuştur. Bu gelenek günümüzde de sürmekte olup her yıl 6 Şubat günü Ortodoks inancına göre Aziz Fotios Yortusu, manastırın kuruluş bayramı olarak kutlanmaktadır. Manastır, Hıristiyanlığın Kutsal Üçlüsü'ne (Aya Triada) ithaf edilmiştir. 1063 yılında Bizans İmparatoriçesi Katerina Komnini tarafından bu manastıra hediye edilmiş olan el yazması bir incil üzerinde, Heybeliada (Yunanca adı ile "Halki") Aya Triada Manastırı ifadesi kullanılmıştır. Bizans döneminde Manastır bazen bir ibadet ve dinlenme yeri, bazen de saraydan ve üst düzeyden kişilerin sürgüne gönderildiği bir yer olarak varlığını sürdürmüştür. İstanbul'daki Alman Kilisesi'nin Başrahibi Stefanos Gerlach'ın XVI. yüzyılda İstanbul'da bulunan kilise ve manastırları kapsayan ünlü listesinde, Heybeliada'daki Aya Triada'nın da adının bulunması, Manastır'ın İstanbul'un Osmanlılar tarafından fethinden sonra da varlığını sürdürdüğünü göstermektedir.

Eski yıllardan beri var olan bu Manastır'ın Kilisesi birçok defa tahrip olmuş ve yeniden inşa edilmiştir. Bugün kullanılan kilise, sağ yan duvarında bulunan Yunanca mermer kitabeden anlaşılacağı gibi, Patrik IV. Germanos ve Padişah Abdülmecit'in saltanatları sırasında 1 Mayıs 1844'te Pazartesi günü açılmıştır. Heybeliada Ruhban Okulu ile

CHURCH OF THE HOLY TRINITY

According to written sources and most historians, the monastery of Heybeliada was founded in the 9th century by Patriarch St. Fotios. The monastery was dedicated to the Holy Trinity (Aya Triada) and every year on St. Fotios's Feast Day, February 6, the founding of the monastery is celebrated.

According to a hand-written inscription on the bible, which was given by the Empress Katerina Komnini to the holy trinity monastery, the name "Ring Island (the Greek name for Heybeliada is "Ring") Holy Trinity Monastery" is used. During the Byzantine era the monastery was used sometimes as a place of worship and rest, sometimes as a place to exile and imprison royals or high officials. The name of the Holy Trinity on Heybeliada is found in a famous list of churches and monasteries of the 16th century compiled by the head priest of the German Church in Istanbul, Stefanos Gerlach, , which confirms the existence of the monastery after the conquest.

Over many years the church of the monastery has been destroyed and rebuilt. There is a marble inscription in Greek on the right hand wall of today's church which says that the church was opened on Monday, May 1, 1844 by Patriarch Germanos IV and his eminence Sultan Abdülmecit. The Heybeliada seminary and the church share a united past. Today's church building, dedicated to the Holy Trinity, was built in 1844, the previous church burned down, leaving

ΤΑΝΤΑΛΙΔΗΣ
ΙΩΑΝΝΗΣ
ΓΕΟΡΓΙΥ
ΒΑΣΜΑΤΖΙΔΗΣ
1829-1916
ΚΩΝΣΤΑΝΤΙΝΟΣ Ε

içiçe geçmiş bir kilisedir. Hıristiyanlığın Kutsal Üçlüsü'ne (Aya Triada) ithaf edilmiş olan bugünkü Kilise binası, 1844 yılında yapılmıştır. Daha önceki Kilise yanmış olduğundan geriye birşey kalmamıştır. Kilise üç bölümlü (nefli), küçük bir bazilika şeklindedir. Dar bir girişten (narteks) sonra karşılıklı beşer sütun üzerinde yükselen ana binaya (naos) girilir. İkonostasis, piskopos tahtı, vaiz kürsüsü (amvon) ahşap olup, muhtemelen XIX. yüzyıl ortalarına aittir. Taşınabilir ikonaların dışında, Kilise'nin tavanında bulunan Pantokrator (Ebedî Hâkim Mesih İsa) dikkati çekmektedir. Duvar resimleri (fresk) ve mozaik ikona bulunmamaktadır. Kilise'nin çan kulesi bulunmadığından, çanlar bahçede özel olarak yapılan bir yerde durmaktadır.

nothing behind. The church has three naves, in small basilica shape. The high main building, which rises on five columns, is entered through a narrow narthex (hall) .The iconostasis, the bishop's throne, and the pulpit are made of wood, probably belonging to the mid 19th century. The moveable icons and the Pantocrater (Jesus Christ) on the church ceiling are striking. There are no frescoes or mosaic icons. The church has no bell tower, therefore the bells being kept in a special place in the garden.

HEYBELİADA RUHBAN OKULU

Ortodoks din adamı yetiştirilmesi amacıyla ilk defa 1844 yılında, Patrik IV. Germanos'un destekleriyle Aya Triada Manastırı bünyesinde, teoloji eğitimi veren bir okul açılmıştır. Bilindiği gibi, İstanbul'un fethinden sonra İstanbul Rum Patriği'ne "Millet Başı" unvanı verilmiş ve kendisi Bab-ı Ali'ye karşı Osmanlı İmparatorluğu'ndaki tüm Ortodoksların lideri olarak kabul edilmiştir.

Okul'un açıldığı yıllarda (1844) gerek İstanbul'da gerekse Osmanlı İmparatorluğu'nun sınırları içinde ve dışında yaşayan yüz binlerce Ortodoks için iyi eğitim görmüş, dini vazifesini çağdaş bilim ve teknolojiyle birleştirerek en iyi şekilde ifa edebilecek din adamlarına ihtiyaç duyulmaktaydı. Batı kiliselerindeki reformlar ve kültürlü din adamları bir yerde böyle bir okulun kurulmasını zorlamıştır. Böylece Heybeliada Ruhban Okulu 1844 yılındaki açılışından, 1971 yılındaki kapanışına kadar Aya Triada Manastırı ile bütünleşmiştir. Çam ve deniz kokusunun birleştiği bir tepe üzerinde, büyük şehirlerin her türlü problem ve gürültüsünden uzak bir ortam içinde, yatılı olarak burada okuyan öğrenciler derslerde teorik olarak öğrendiklerini, Manastır'ın Kilisesi'nde pratik olarak uyguluyorlardı. Eşsiz zenginlikteki kütüphanesi ile görgü ve bilgilerini artıran öğrenciler, birkaç dil öğrenerek buradan mezun oluyorlardı. Böylece Heybeliada Ruhban Okulu kısa zamanda dünya çapında şöhret yapmış ve her zaman saygı ile anılan bir eğitim ocağı olmuştur. Okul faaliyet gösterdiği süre içinde (1844–1971) yaklaşık bin mezun vermiştir. Bu mezunlardan on ikisi İstanbul Rum Patrikliği makamına kadar yükselmiştir. İki kişi İskenderiye Patriği, üç kişi Antakya Patriği, dört kişi Otosefal Atina Başpiskoposu, bir kişi Otosefal Arnavutluk Başpiskoposluğu görevine seçilmiştir.

Diğer 343'ü üst düzey (piskopos) din adamı, 318'i ruhani ve geriye kalanlar da değerli teologlar olarak dünyanın çeşitli yerlerinde hizmet vermiş ya da vermeye devam etmektedirler. 1844'ten itibaren çeşitli ekler ve tamirlerle kullanılmakta olan okul binası 28 Haziran 1894 günü meydana gelen ve son 150 yılın en şiddetli depremi sırasında büyük ölçüde zarar görmüştür. Depremin öğle yemeği saatlerine rastlaması can kaybını önlemiş, ancak okul kullanılamayacak hale gelmiştir.

Binanın yeniden yapımı için maddi desteği İstanbul'un zengin Rum tüccarlarından, Kadıköy'deki Aya Triada, Şişli Rum Mezarlığı'ndaki Ayios Petros ve Pavlos, Paris'teki Ayios Stefanos kiliselerini de yaptırmış olan Pavlos Skilitsis Stefanovik Ailesi sağlamıştır. Binanın mimarı XIX. yüzyıl sonları ile XX. yüzyıl başlarında İstanbul'da yaşamış ve görkemli yapılar bırakmış olan Periklis Fotiadis'dir. O tarihte henüz 36 yaşında olan Fotiadis, referans olarak 1893 yılında bitirdiği, Beyoğlu'nun görkemli binalarından Zoğrafyon Rum Lisesi'ni göstermiştir.

Padişah II. Abdülhamit'in izinleriyle 22 Nisan 1895'te temeli atılan bina bir buçuk yıl gibi kısa bir süre içinde tamamlanarak 6 Ekim 1896'da açılmıştır. Yunan alfabesinin (?) harfi şeklinde bir plan üzerine inşa edilmiş olan yapı, bir bodrum ve iki kattan oluşmaktadır. Özellikle ana giriş kapısı,

THE SEMINARY ON HEYBELİADA

After the conquest of İstanbul, the Greek Orthodox Patriarch had been declared "Head of the Millet." ("Millet"= the adherents of a particular religious creed within the Ottoman Empire) A theological school for Orthodox religious education was established in 1844 by Patriarch Germanos IV. It was connected to the Monastery of The Holy Trinity.

At the time hundreds of thousands of Greek Orthodox followers within the Ottoman Empire and beyond were in need of well-educated religious leaders with knowledge of modern science and technology. Western religious reformers and cultured religious leaders pushed for the founding of such a school. Thus, the Heybeliada seminary was opened and became an

integral part of the Holy Trinity Monastery from 1844 until its closing in 1971. On an isolated hilltop, surrounded by the smell of pine and ocean, far from the noise and confusion of city life, the students practiced in the monastery the lessons they learned theoretically in their classes. There was an incomparably rich library. The students graduated speaking several languages, with refined manners and deep knowledge. Within a short time the seminary had gained world fame and had become a highly-respected educational center. There were approximately 1000 graduates over the years of its existence. Of these graduates, twelve became Patriarchs of Istanbul, two were Patriarchs of Alexandria, three were Patriarchs of Antioch, four became archbishops in Athens, and one became an archbishop in Albania. Of the remaining,

görkemli mermer merdivenleri ve sütunları ile antik bir Yunan tapınağının girişini hatırlatmaktadır. Pencere ve cephe süslemelerinde ise Bizans yapılarını çağrıştıran tuğlalar bol miktarda kullanılmıştır. Binanın bodrum katında yemekhane ve kütüphane, giriş katında sınıflar, etüt odaları, fizik-kimya laboratuarı, revir ve yatakhane; ikinci katında ise büyük tören salonu, müdür ve öğretmen odaları, sekreterlik, yatılı kalan öğretmenlerin yatak odaları ve teoloji bölümü talebeleri için yatakhane bulunmaktadır. Heybeliada Ruhban Okulu, Patrikhane tarafından orijinal haliyle korunmaktadır.

343 became high-ranking priests, 318 became monks, and the others served, or are serving, in various places in the world as esteemed theologians.

As of 1844 the seminary building underwent several additions and repairs. On June 28, 1894 during the worse earthquake to hit İstanbul in 150 years, the building suffered great damage. Because the earthquake struck during the lunchtime, there were no deaths, but the building was damaged beyond repair. Money was collected for a new seminary building from rich Greek merchants in İstanbul by the Skilitsis Stefanovik family, who had the Church of the Holy Trinity in Kadıkoy, the Church of St. Peter and St. Paul at the Şişli Greek cemetery, and the St. Stephen Church in Paris.

The architect was Periklis Fotiadis, who lived in İstanbul in the late 19th-early 20th centuries, creating many magnificent buildings. At this time he was only 36 years old. His reference was the Zografyon Greek Lycee in Beyoğlu, completed in 1893.

With the approval of Sultan Abdülhamit II, on April 22, 1895, the foundation was laid for a new seminary building. After a short one and a half years the seminary reopened on October 6, 1896. It was made in the shape of the Greek alphabet [?]. The building has a basement and two floors. The main entrance door, the splendid marble stairway, and the columns remind the entrance to an ancient Greek temple. The rich brick decoration on the windows and façade recalls Byzantine construction. The dining room and library are on the bottom floor; classrooms, study halls, the physics and chemistry laboratories, the infirmary, and the dormitories are on the entrance floor. On the second floor is a large auditorium, the rooms of the director and the teachers, the secretary's office, bedrooms for the live-in teachers, and the dormitories of theology students. The Seminary is under the jurisdiction of the Patriarch of İstanbul..

Bölüm 8 / Chapter 8

Saraylar / The Palaces

UKRFERRY

TOPKAPI SARAYI

İstanbul'un fethini 1453'te gerçekleştiren genç Fatih Sultan Mehmet, Osmanlı İmparatorluğu devlet tahtını bu şehre taşımıştır. Kurduğu ilk saray, şehrin ortasında bulunmaktaydı. 1470'lerde yaptırdığı ikinci saraya, önceleri "Yeni Saray", yakın tarihlerden beri de Topkapı Sarayı denilmektedir. Burası, tarihte bilinen diğer Türk sarayları gibi, klasik bir Türk sarayıdır. Değişik fonksiyonları olan, ağaçlarla gölgelendirilmiş, birbirini takip eden ve abidevi kapılarla ayrılmış üç avludan oluşur.

Saray olarak kullanıldığı devirlerdeki fonksiyonları, tarihteki diğer saraylara göre oldukça değişiktir. Burası devletin tek sahibi sultanın resmî ikametgâhı olmakla beraber, resmî devlet işlerinin merkezi, bakanlar kurulunun toplandığı, devlet hazinesi, darphanesi ve arşivlerinin bulunduğu yerdi. Devletin en yüksek öğrenim kurumu, sultanın ve devletin üniversitesi de bu saraydaydı.

TOPKAPI PALACE

After the conquest of İstanbul in 1453 Fatih (the Conqueror) Sultan Mehmet moved the throne of the Ottoman Empire to this city. The first palace he set up was in the middle of the city. The second was built in 1470 and has been called Topkapı Palace since recent history. Topkapı is a classical palace as all historical Turkish palaces are. It is made up of three courtyards, one after the other, with various functions, shaded by trees and separated by monumental gates.

During the era it was used as a palace, its functions were very different from other historical palaces. It was not only the residence of the State's single ruler, but also the center for official State business, the place for the assembly of ministers, for the State Treasury, for the Mint, and the Archives.

622 yıl varlığını devam ettiren Osmanlı İmparatorluğu, Akdeniz'i ve Karadeniz'i çevreleyen Asya, Avrupa ve Afrika kıtalarında hüküm sürmüştür. Değişik ırk ve değişik dinlerden pek çok ulusu, idaresinde birleştirmiştir. Tarihte böylesine geniş topraklara bu kadar uzun süre hükmeden bir diğer imparatorluk ise Roma İmparatorluğu'dur. Osmanlı Devleti'nde 36 Sultan hüküm sürmüş ve bunlar XVI. yüzyıl başlarından itibaren halife unvanı ile de İslam dünyasının dinsel hükümranlığını üstlenmişlerdir.

Topkapı Sarayı'nda gün ışığı ile başlayan hayat, büyük tören ve katı protokol kurallarına bağlı idi. Yüzyılları bulan kökleşmiş gelenek ve göreneklere herkesin uyması şarttı. Batı dünyası protokolü de bu sarayın kurallarının etkisinde kalmıştır.

Topkapı Sarayı ana girişi, Bab-ı Hümayun'dur. Kapıdaki tuğra, saltanat dönemini Topkapı Sarayı'nda tamamlayan son sultan II Mahmut'a aittir. Bab-ı Hümayun'dan sarayın Birinci Avlu'suna yani "Yeniçeri Avlusu"na girilir. Çünkü Osmanlı ordusunun bu seçkin birlikleri 1826 yılında II. Mahmut tarafından ortadan kaldırılıncaya kadar burada toplantı yaparlardı. Halka açık olan Birinci Avlu Saray'ın hizmet alanıydı. İçinde bir Hastane, Fırın, Tophane, Darphane, Dış Hazine Dairesi ve malzeme depoları ile hizmetlilerin yatakhaneleri bulunurdu. Avlunun sol tarafındaki darphane hariç diğer binalar yok olmuştur.

Saray'ın ilk yapısı Çinili Köşk ve Arkeoloji Müzesi bu avludadır. Ayrıca avlunun girişinde solda Aya İrini Kilisesi yer alır.

Birinci Avlu'nun sonundaki orta kapı olan Babü's-Selam Kapısı'ndan iç saraya gelinir. Bu kapıda herkes atından inmek zorundadır. Sultandan başkası buradan öteye at ile geçemez. İki yanında kulelerin bulunduğu bu kapı Fatih zamanında yapılmıştır. 1524–1525 yılları arasında yapılmış olan bu kapıların kapanmasıyla iç dünya dışarıyla ilgisini kesmiş olurdu. Kapının üstünde Kanuni Sultan Süleyman'ın tuğrası ve şu duası vardır: "Allah'tan başka Tanrı yoktur ve Muhammet O'nun kulu ve elçisidir". Saray'ın 130 metre uzunluğunda 110 metre genişliğinde dev bir alan olan avlusu yine Fatih Sultan'ın çeşitli yerlerine diktirdiği servi ağaçları büyük ve sakin bir revaktır. Divan Avlusu olarak bilinen bu bölüm, uzak köşedeki kubbeli odalarda toplanan divandan, yani imparatorluk konseyinden adını almıştır. Haftanın ilk dört günü sadrazam ve diğer yüksek derecedeki memurlar Osmanlı Devleti'nin bütün iç ve dış meselelerini çözüme kavuşturmak üzere burada toplanırlardı. Fatih Sultan, İstanbul'u fethettikten sonraki ilk yıllarında divan toplantılarına başkanlık etmiştir. Ama daha sonraki yıllarda toplantıyı yan odadaki mahfilinden sadrazamın oturduğu yerin üzerindeki parmaklıklı pencereden izlemeye başlamıştır. Bu uygulama bütün sultanlar tarafından sürdürüldü. Orta Kapı'dan avlunun çeşitli kısımlarına birçok yol açılır. Soldaki çapraz yol divana ve onunla bağlantılı odalara gider. Haliç'ten bakıldığında Saray'ın alamet-i farikası olan konik çatılı kule bu odalara hâkim durumdadır.

Divan kulesinin güney tarafında Harem'in ana girişi olan Araba Kapısı'na gelinir. Doğu tarafının büyük bölümü ise on odadan oluşan Saray Mutfakları'dır. Onların da uzun konik bacaları sarayın bir alamet-i farikası olarak bilinir.

The State's association for higher education and the State University were in the palace.

The Ottoman Empire lasted for 622 years, ruling over a vast area surrounding the Black Sea and the Mediterranean Sea which included the continents of Asia, Africa, and Europe for centuries. The Empire united many nations of different race and religion under its rule. The only other empire in history to encompass so much land for such a long time was the Roman Empire. Thirty-six sultans ruled the Empire, and from the 16th century when the sultan took the title of Caliph, he became the religious leader of the Islamic world as well.

The daily life of Topkapı Palace began at dawn and was bound by great ceremony and strict rules of protocol. Everyone had to conform to establish customs and traditions held for centuries. Protocol of the Western world has been influenced by the rules of this palace.

The main entrance to Topkapı Palace is the Bab-ı Hümayun, or Imperial Gate. The signature above the gate is of Mahmut II. who was the last ruler occupying the palace. The Imperial Gate opens into the first courtyard, called the Janissary courtyard because this special unit of the Ottoman army used to meet here, until the unit was dissolved in 1826 by Mahmut II. This first courtyard of the palace was a service area, open to the public, in which there was a hospital, a bakery, a cannon foundry, the external treasury section, the mint and a warehouse, as well as dormitories for the servants. Except for the mint, none of the above exists today. The tiled kiosk and the Archeological Museum are in the courtyard. To the left of the entrance stands the church of St. Irini.

At the farther end of the courtyard is the middle gate, the Babü's-Selam, or Salutation Gate, which opens into the inner part of the palace. At this gate everyone except the sultan had to dismount from his horse; only the sultan could enter on horseback. The gate has towers on either side and was built in the time of Fatih (the Conqueror) in 1524-25. The outer world was closed out by this gate. Above the gate is the signature (The Tugra) of Süleyman the Magnificent, known as the Law-maker, and also an Islamic prayer: "There is no other God but Allah, and Mohammed is his slave and prophet."

The courtyard is a huge area, 130m. long, 110m.wide. There is a large and peaceful arcade, with oak trees planted along the way, just as Fatih Sultan had planned. The courtyard is known as the Divan Courtyard" because of the domed rooms in the far corners where imperial councils of state were held. On the first four days of the week the sultan and his high officials gathered here to solve the domestic and foreign problems of the State. During the first years after the conquest of Istanbul, Sultan Mehmet would lead the Council himself. In later years, however, the sultan observed the meetings from his seat behind a grilled window in an adjoining room. All sultans continued this practice.

From the Middle Gate many roads opened to various parts of the courtyard. The transverse road to the left leads to the "Divan", or Council Room" and the rooms

شفاعتي لأهل الكبائر من أمتي
ادخلوها بسلام آمنين
163

Bugün mutfaklar ve Saray odaları, Saray'ın benzersiz Çin porselenlerini, cam eşya ve gümüş koleksiyonunu sergilemek için kullanılır. Bu koleksiyon Pekin ve Dresden'den sonra dünyadaki üçüncü en zengin koleksiyondur. II. Beyazıt'ın başlattığı II. Selim'in ve Kanuni'nin genişlettiği koleksiyonda Sung ve Yuan döneminin muhteşem seladonlarından (960–1368) XVIII. yüzyıl Ming Dönemi'ne kadar çok çeşitli parçalar bulunmaktadır.

İkinci Avlu'nun sonunda Babü's-Saade Kapısı'na gelinir. Burası, saray erkânının kesinlikle dışa kapalı mahrem ikametgâhı olan iç sarayın merkez alanı, yani Üçüncü Avlu'nun giriş kapısıdır. Aslında Fatih zamanında yapıldığı halde XVIII. yüzyıl rokoko üslubunda yeniden dekore edilmiştir. Sultan, altın ve zümrütten yapılmış bayram tahtında Babü's-Saade'nin önünde oturarak bayram arifesinde tebası ile burada bayramlaşırdı.

Babü's-Saade'den Arz Odası'na girilir. Burada yabancı ülkelerin elçileri geliş ve gidişlerinde sultan tarafından kabul edilir. Sultan kapısı, arz odasına ait antik mermerlerle ve sütunlarla desteklenen saçaklı küçük bir binadır. Temeli ve planı Fatih Sultan zamanına aittir. Tahtın üzerindeki yazı 1596 yılından kalmıştır. Üçüncü Avlu'da iç hizmet bünyesinde yer alan Enderun-i Hümayun bulunur. İmparatorluğun idari, dinî ve askeri eğitim merkezidir. Üçüncü Avlu'nun çevresinde bulunan altı koğuştan oluşur. Ayrıca sol tarafta bulunan Ağalar Camii, şimdi avlunun ortasında 1719 yılında III. Ahmet tarafından yaptırılan Topkapı Sarayı'nın kütüphanelerinden biridir. Saray'ın sağ tarafında, sefer sırasında sultana eşlik eden iç oğlanların yetiştirildiği Seferli Koğuşu bulunmaktadır. Bu koğuş Saray'daki en büyük odalardan biridir. Günümüzde padişah giysileri burada sergilenmektedir.

connected to it. When viewing the palace from the Golden Horn, the cone-shaped tower, which is the trade-mark of the palace, overlooks these rooms. To the south of the Divan Tower is the carriage gate which leads to the entrance of the harem.

The largest section to the east contains the ten rooms of the palace kitchens. The cone-shaped chimneys of the kitchens are also trademarks of the palace. Today the kitchens and the palace rooms are used to exhibit the palace's incomparable collection of Chinese porcelain, the world's third richest collection after Peking and Dresden. Begun by Beyazıt II, increased by Sultans Selim and Süleyman, the collection includes marvelous pieces from the Sung and Yuan dynasty (930-1368) up to the 18th c Ming dynasty.

At the end of the second courtyard comes the Bab-us Saade Gate, the Gate of Felicity. Here we enter the private residence of the sultan, completely closed to the outside. It is the center of the inner palace, the gate into the third courtyard. Although actually built at the time of the Conqueror, the gate was redecorated in the rococo style of the 18th century. On the eve of religious holidays, here at this gate the sultan would appear sitting on his festival throne decorated with gold and emeralds would greet his subjects.

From the Bab-us Saade one enters the "Presentation Room" where the sultan would present himself to ambassadors of foreign countries on their arrival and departure. The sultan's door of the Presentation Room is a small, eaves structure supported by pillars of ancient marble. The foundation and design are from the time of the Conqueror. The writing above the throne has remained since the year 1596. Within the structure of the third courtyard is the "Enderun-i Humayun" which is the center for imperial administrative, religious, and military education. In the environs of the third courtyard]are six large rooms. On the left side of the courtyard is the Mosque of the Agas. In the center of the courtyard is one of the palace libraries constructed in 1719 by Ahmet III. To the right is the "Military Campaign Room" where the boys who were being educated for service at court were trained to accompany the sultan on military expeditions. This is one of the largest rooms in the palace, and today it is used to exhibit the robes of the sultans.

DOLMABAHÇE SARAYI

XVII. yüzyıla kadar Boğaziçi'nin koylarından biri olan bu yörenin, Altın Post'u aramaya çıkan Argonotların efsanevi gemisi Argos'un demirlediği; Fatih Sultan Mehmet'in İstanbul'u fethi sırasında Haliç'e indirmek üzere gemilerini karaya çıkardığı yer olduğu ileri sürülür. Osmanlılar döneminde kaptan paşaların donanmayı demirledikleri, geleneksel denizcilik törenlerinin yapıldığı doğal bir liman görünümünde olan bu koy, XVII. yüzyıldan başlayarak dönem dönem doldurulmuş ve "Dolmabahçe" adıyla padişahların Boğaziçi'ndeki has bahçelerinden biri konumuna getirilmiştir. Tarihsel süreç içinde çeşitli padişahlar tarafından yaptırılan köşk ve kasırlarla donatılan Dolmabahçe, zamanla "Beşiktaş Sahil Sarayı" adıyla

DOLMABAHÇE PALACE

Until the 17th century the area where the palace is today was one of the bays along the Bosphorus. The legendary sailing vessel, ARGOS on which the Argonauts set off to find the Golden Fleece, anchored here. During the Ottoman period, naval captains would anchor their fleet here; traditional naval ceremonies were held in this natural harbor. Beginning of the 17th century by gradual filling

anılan bir saray görünümü kazanmıştır.

Beşiktaş Sahil Sarayı, Sultan Abdülmecit döneminde (1839–1861) ahşap ve kullanışsız olduğu gerekçesiyle 1843 yılından başlanarak yıktırılmış ve aynı yerde günümüze dek gelen Dolmabahçe Sarayı'nın temelleri atılmıştır. Yapımı, çevre duvarlarıyla birlikte 1856 yılında bitirilen Dolmabahçe Sarayı, 110.000 metrekareyi aşan bir alan üstüne kurulmuş ve ana yapısı dışında on altı ayrı bölümden oluşmuştur. Bunlar saray ahırlarından değirmenlere, eczanelerden mutfaklara, kuşluklara, camhane, dökümhane, tatlıhane gibi işliklere uzanan bir dizi içinde, çeşitli amaçlara ayrılmış yapılardır. Bu yapılar arasına Sultan II. Abdülhamit döneminde (1876–1909) Saat Kulesi ve

the site became one of the royal gardens along the Bosphorus, thus the name "Dolmabahce," which means filled garden was invented or accepted. In due time, the area was adorned by kiosks and pleasure houses constructed by various sultans until it took on a palatial appearance and was called "The Beşiktaş Shore Palace."

During the reign of Sultan Abdülmecit (1839-1861) the wooden and unserviceable Beşiktaş Shore Palace was torn down in 1843 and the foundation of today's Dolmabahçe Palace was laid in its place. The construction with its surrounding walls was completed in 1856. It is set on an area of more than 110,000m² and is made up of 16 separate compartments outside the main building.

Veliaht Dairesi ile arka bahçedeki Hareket Köşkleri eklenmiştir. Dönemin önde gelen Osmanlı mimarları Karabet ve Nikogos Balyan tarafından tasarlanan sarayın ana yapısı; Mabeyn-i Hümayun (Selamlık), Muayede Salonu (Tören Salonu) ve Harem-i Hümayun adlarını taşıyan üç bölümden oluşur. Mabeyn-i Hümayun, devletin yönetim işleri; Harem-i Hümayun, padişah ve ailesinin özel yaşamı; bu iki bölümün arasında yer alan Muayede Salonu ise padişahın devlet ileri gelenleriyle bayramlaşması ve bazı önemli devlet törenleri için ayrılmıştır.

Ayrıntılar ve süslemeleri belirgin Batı etkisinde olan üç katlı saray, konumu ile Osmanlı ustalarının yorumlanmış bir uygulamasıdır. Öte yandan gerek kuruluş gerekse oda ve salon ilişkileri açısından geleneksel Türk evi plan tipinin çok büyük boyutlarda uygulandığı bir yapı bütünüdür. Dışı taş, iç duvarları tuğladan, döşemeleri ahşaptan yapılmıştır. Çağın teknolojisine açık olan saraya, 1910-1912 yıllarında elektrik ve kalorifer sistemi eklenmiştir. 45.000 metrekarelik kullanılır döşeme alanı, 285 odası, 46 salonu, 6 hamamı ve 68 tuvaleti vardır. Döşemelerin ince işçilik gerektiren parkelerinin üstünde, önce sarayın dokuma evinde, sonra da Hereke'de dokunmuş 4454 metrekarelik bir halı serilidir.

Padişahın devlet işlerini yürüttüğü Mabeyn; işlevi ve görkemiyle Dolmabahçe Sarayı'nın en önemli bölümüdür. Girişte karşılaşılan Medhal Salon, üst kat ile bağlantıyı sağlayan Kristal Merdiven, elçilerin ağırlandığı Süfera Salonu ve padişahın huzuruna çıkılan Kırmızı Oda İmparatorluğun tarihsel görkemini vurgulayacak biçimde süslenmiş ve döşenmiştir. Üst katta yer alan Zülvecheyn Salonu; padişahın Mabeyn'de kendine özel olarak ayrılmış dairesine bir tür geçiş mekânı oluşturmaktadır. Bu özel dairede, padişah için mermerleri Mısır'dan getirilmiş görkemli bir hamam, çalışabileceği bir oda ve salonlar bulunmaktadır.

Harem ve Mabeyn bölümleri arasında yer alan Muayede Salonu; Dolmabahçe Sarayı'nın en yüksek ve en görkemli yeridir. 2000 metrekareyi aşan alanı, 56 sütunu, yüksekliği 36 metreyi bulan kubbesi ve bu kubbeye bağlı yaklaşık 4,5 tonluk İngiliz yapımı avizesiyle bu salon, Saray'ın diğer bölümlerinden belirgin bir biçimde ayrılmaktadır. Salon, bodrumdaki tesislerden elde edilen sıcak havanın sütun diplerinden içeri verilmesiyle ısıtılmakta, böylelikle soğuk mevsimlere rastlayan törenler daha sıcak bir atmosferde yapılabilmekteydi. Geleneksel bayramlaşma törenleri için Topkapı Sarayı'nda bulunan altın taht bu salona getirilerek kurulur ve padişah bu tahtta devlet

There are a series of work places for various purposes, such as palace stables mills, pharmacies, kitchens, aviaries, glassmakers, spinners, and pastry makers. The Clock Tower and the Crown Prince Apartment, the Hareket Kiosk, in the back garden were added during the time of Abdulhamit II (1876-1909).

Constructed by the best Ottoman architects of the time, Karabet and Nikogos Balyan, the palace is divided into three parts--the Mabeyn-i Hümayun (only for men), the Muayede Hall (Ceremony Hall) and the Harem-i Hümayun (the harem). The Mabeyn was for State business, the harem for the sultan and his family's private lives. The Muayede Hall between these two sections was reserved for the sultan's holiday gatherings with the State's top dignitaries and for various important State

ceremonies.

The whole structure, including the basement, is three floors. In shape, details, and ornamentation the palace has an obvious Western influence, interpreted with skill by Ottoman workmen. However, the palace as a whole is arranged according to traditional Turkish house design. The main outer wall is stone, the inner walls are brick overlaid with wood. Open to modern technology, electricity and central heating were added to the palace in 1910-1912. With 45,000m2 of useable floor space, there are 285 rooms, 46 reception areas, 6 Turkish baths, and 68 toilets. The floors are covered with delicately worked parquet, spread with 4454m^2 of carpets, woven originally by palace weavers, later in Hereke.

The most important section in Dolmabahçe in function and splendor is the Mabeyn area, where the sultan conducted state affairs. The Melhal Room, across the entrance, the Crystal Stairway leading to the upper floor, the Sufera Room where ambassadors were received and the Red Room where the sultan made his appearance were decorated and furnished in historical magnificence. The Zulvecheyn Room on the upper floor served as a passageway to the private offices of the sultan. This private suite contains a grand Turkish bath with marble brought from Egypt, an office room, and living rooms.

The highest and most splendid place in the palace is the Muayede Room located between the Harem and the royal section. This room encompasses an area of more than 2000m^2, with 56 columns and a 36m high dome. Hanging from this dome is a

ileri gelenlerini kabul ederdi. Galeriler ise elçilik görevlilerine, saray orkestrasına, bay ve bayan konuklara ayrılmıştı. Dolmabahçe Sarayı Batı'nın etkisi altında, Avrupa saraylarından örnek alınarak yapılmış olmasına karşın, işlevsel kuruluşu ve iç mekân yapısında, "Harem"in eskisi kadar kesin çizgilerle olmasa da, ayrı bir bölüm olarak kurulmasına özen gösterilmiştir. Ancak Topkapı Sarayı'nın tersine Harem, artık Saray'dan ayrı tutulmuş bir yapı ya da yapılar topluluğu değildir; aynı çatı altında, aynı yapı bütünlüğü içine yerleştirilmiş özel bir yaşam birimidir. Dolmabahçe Sarayı'nın yaklaşık üçte ikisini oluşturan Harem bölümüne, Mabeyn ve Muayede Salonu'ndan geleneksel ayrımı vurgulayan demir ve ahşap kapılarla ayrılmış koridorlardan geçilmektedir. Bu bölümde, Valide Sultan ve Veliaht Daireleri, Mavi ve Pembe salonlar, Abdülmecit, Abdülaziz ve Reşat tarafından kullanılan odalar, cariyeler bölümü, kadın efendi odaları, Atatürk'ün çalışma ve yatak odası vardır. Birçok değerli eşya, halı, levha, vazo, avize, tablo gibi sanat yapıtları Harem'in ilginç ve etkileyici parçalarını oluşturmaktadır.

Not: Saray müze olarak haftanın her günü (Pazartesi ve Perşembe hariç) açıktır.

4.5 ton chandelier made in England. The Muayede Room clearly separates the other sections of the palace. Facilities in the basement took heat from the depths of the pillars and gave heat out to the Muayede Room, creating a warm environment for ceremonies that took place during the cold season. On traditional religious holidays the golden throne was brought here from Topkapı Palace, and the sultan greeted state dignitaries from this throne. Galleries separated ambassadors, the palace orchestra, men and women.

Although the palace was built under Western influence, using European palaces as models, the Harem was designed with the old definite lines of separation. However, unlike Topkapı Palace, the harem is not in a separate building. It is under the same roof, a private, special unit within the whole. The Harem makes up about 2/3 of the palace space. It is connected by a hall through wooden and iron doors with the Mabeyn and the Muayede Room. The Harem consists of the Mother Queen and the Crown Prince suites, the Blue and Pink Reception Rooms, which were used by Sultans Abdülmecit, Abdülaziz, and Resat, the concubine section, the rooms for the wives of the sultan, and the bedroom and study of Atatürk, the founder of the Republic. Innumerable valuable objects such as rugs, pictures, vases, chandeliers and portraits are some of works of art which are most impressive and intriguing aspects of the Harem.

Note: The palace is open as a museum daily (except Mondays and Thursdays

BEYLERBEYİ SARAYI

Beylerbeyi ve çevresinin yerleşim alanı olarak kullanılması, tarihte oldukça gerilere, Bizans dönemine kadar gitmektedir. XVIII. yüzyılda yaşamış olan ünlü gezgin İnciciyan'a göre, Büyük Kontstantinus'un diktirdiği bir haçtan dolayı Bizans Dönemi'nde "İstavroz Bahçeleri" adıyla anılan yöre, Osmanlılar döneminde padişahların has bahçelerinden biri olarak kullanılmıştır. Yine İnciciyan'a göre buraya "Beylerbeyi" adının verilişi, XVI. yüzyılda Beylerbeyi Mehmet Paşa'nın burada bulunan köşkünden kaynaklanmaktadır.

Çeşitli dönemlerde padişahların ilgisini çeken Beylerbeyi, yaptırılan kimi köşk ve kasırlarla yazlık olarak kullanılan bir niteliğe kavuşmuş, 1829 yılında Sultan II. Mahmut'un yaptırdığı ahşap Sahil Sarayı ile yeni bir hareket kazanmıştır.

Bugünkü Beylerbeyi Sarayı, Sultan Abdülaziz tarafından II. Mahmut'un ahşap Sahil Sarayı yıktırılarak 1861–1865 yılları arasında, dönemin tanınmış mimarı Serkis Balyan'a yaptırılmıştır. Saray genellikle yaz aylarında, özellikle de yabancı devlet başkalarının ağırlanmasında kullanılmıştır. Sırp Prensi, Karadağ Kralı, İran Şahı, Fransız İmparatoriçesi Eugenie bunlardan bazılarıdır. Sultan II. Abdülhamit de 1918 yılında, ömrünün son altı yılını geçirdiği bu sarayda ölmüştür.

Çeşitli Batı üsluplarının Doğu üsluplarıyla kaynaştırıldığı sarayın iç mimarlığı, kullanım

BEYLERBEYİ PALACE

Since Byzantine times, Beylerbeyi and its vicinity has been a settled area. According to the famous Swiss traveler Inciciyan, Constantine the Great erected a cross there, and the area was called the "Crucifix Gardens" in Byzantine times. During Ottoman times it was one of the sultan's royal gardens. Again according to Inciciyan, the name "Beylerbeyi" came from the kiosk of Beylerbeyi Mehmet Pasha in the 16th century. Beylerbeyi attracted various sultans, some building kiosks, some pleaure houses for summer use. In 1829 Sultan Mahmud II built a wooden Seaside Palace.

Today's Beylerbeyi Palace was built during time of Abdülaziz during the years 1861-1865. He had the wooden palace torn down and commissioned the famous architect of the period, Serkis Balyan, to build a palace on the site. The palace was used mostly in summer, especially to

özellikleri açısından bir orta sofaya açılan köşe odalarından oluşan geleneksel Türk evi planına benzerlikler gösterir. Harem ve Selamlık olarak iki ana bölümden oluşan sarayda Selamlık, donatım ve süsleme açısından Harem'den daha zengin tutulmuştur. Bodrum katı mutfak ve depo olarak kullanılan, bir bölümü üç katlı olan sarayda üç giriş, altı salon ve 26 oda bulunmaktadır. Rutubete ve sıcağa karşı döşemeleri, orijinalleri Mısır'dan getirtilen hasırlarla kaplanmıştır. Çoğunluğu Hereke yapımı büyük boyutlu halı ve kilimleri, Bohem kristal avizeleri, Fransız saatleri, Çin, Japon, Fransız yıldız vazoları görülmeye değer sanat eserlerinin yalnızca bir bölümüdür.

Boğaziçi'nin Anadolu kıyısında özel konumuyla dikkati çeken Beylerbeyi Sarayı'nı son dönem Osmanlı saraylarından ayıran önemli bir özelliği de bahçesidir. Yamaçlara doğru setler biçiminde yükselen ve bu yüzden "Set Bahçeleri" adıyla anılan

host foreign heads of state, including the Serbian prince, the king of Montenegro, the French Empress Eugenie. Sultan Abdülhamit lived his last six years and died in this palace in 1918.

The style of the interior is a mixture of Eastern and Western influence. The design is that of a traditional Turkish house, with a central hall and rooms opening off from it. The palace is divided into two main sections, the harem for women

bahçeleri, köşkler ve eski saraylardan kalan büyük bir havuz oluşturmaktadır. Üst set bahçesinde bulunan havuzun çevresinde yer alan Sarı Köşk, saltanat atlarının barındığı ve devrinin en ilginç örneğini yaşatan Ahır Köşk ile eski saraydan kalan sel sebilli Mermer Köşk, Osmanlı saray mimarlığının günümüze gelen önemli yapılarını oluşturmaktadır.

Batı ile ilişkilerin güçlendiği bir dönemde yapılan Beylerbeyi Sarayı'nın en ilginç yanı, set bahçelerinin altından geçen tarihsel Tünel'dir. Tünelin ortasında yer alan çeşmenin yazıtında, Sultan II. Mahmut'un adı geçmekte ve yapının tarihlendirilmesinde önemli bir ipucu oluşturmaktadır. Üst set bahçesindeki büyük havuz ve Mermer Köşk gibi II. Mahmut Dönemi'nden (1808–1839) kalan bu tünel, kıyı yolunun işlevini sürdürmesini sağladığı gibi, yüksek duvarların ötesindeki bahçelerle bağlantıyı da kurmaktadır.

and the "selamlık" for men. From the point of view of embellishment and ornamentation the selamlık is richer than the harem. With the basement used as a kitchen and storage area, the palace is made of three floors, with three entrances, six reception rooms, and 26 rooms. The furniture was originally brought from Egypt and is overlaid with wicker as protection from heat and damp. Large rugs made in Hereke, Bohemian crystal chandeliers, French clocks, Chinese, Japanese and French vases are among the works of art worth seeing in Beylerbeyi Palace.

Beylerbeyi is a special site on the Asian, or Anatolian, side of the Bosphorus and is distinctive among Ottoman palaces of its time for his garden. Rising along the slopes on terraces, it is called the "Terrace Garden." There is a large pool on the upper terrace. The Yellow Kiosk beside the pool, the Barn Kiosk, where the sultan's horses were kept, and the Marble Kiosk with its tiered fountain are important monuments of enduring Ottoman palace architecture.

The most interesting feature of Beylerbeyi Palace, built in a time of strengthening ties with the West, is the historic tunnel system under the Terrace Gardens. In the middle of the tunnel is a fountain with inscriptions which include the name "Sultan Mahmud II." This gives us a clue to the date of the construction.

The tunnel, the large pool, and the Marble Kiosk date back to the reign of Mahmud II. The tunnel connects the facilities of the shore road with the gardens behind high walls on the other side.

ÇIRAĞAN SARAYI

Sultan II. Mahmut'un (1808–1839) saltanatıyla birlikte Çırağan'ın daha yoğun olarak kullanıldığını görmekteyiz. Yazları burada geçiren II. Mahmut, binanın yetersizliğinden dolayı arka tarafa yeni bir mabeyn dairesi daha inşa ettirir. Fakat sadece yazları değil her zaman oturulabilecek büyüklükte bir saray yaptırmayı planlayan II. Mahmut, saltanatının sonlarına doğru bu düşüncesini gerçekleştirir. Bu zamana kadar hep küçük bir kasır ve yalı niteliği taşıyan Çırağan, artık gerek boyutlarıyla ve gerekse işleviyle bir sahil sarayı niteliğine bürünecektir.

Mimarlığını Ebniye-i Hassa Müdürü es-Seyyid Abdülhalim Bey'in yaptığı bu ilk Çırağan Sarayı'nın inşaatına 1834 yılında başlanır. Eski kasır ve köşkler tamamen yıkılarak ortadan kaldırılır. Sultan, sarayın arazisini genişletmek istediğinden yapının hemen yanında bulunan Hanım Kadın Mescidi ile birlikte 1775'te Mısır tüccarlarından Eğribozlu Hacı Mehmet Ağa tarafından yaptırılan mektebi ve civarındaki diğer binaları yıktırır. III. Selim'in çok sevdiği ve himaye ettiği Beşiktaş Mevlevihanesi de yıkılarak bitişikte bulunan Abdi Bey Yalısı'na nakledilir. Oldukça büyük bir alana yapılan bu ilk Çırağan Sahil Sarayı'nın en belirgin özelliğini teşkil edecek olan cephe sütunları, 1837 yılında Marmara Adası'ndan getirtilir.

Osmanlı tarihinde köklü değişiklik ve düzenlemeleriyle tanınan Sultan II. Mahmut, klasik dönemin kurum ve kuruluşlarının ciddi olarak ele alınıp modern çehreler kazanması yolunda çaba sarf

THE ÇIRAĞAN PALACE

The Cırağan Palace was used most extensively by Sultan Mahmud II(1808-1839) with all the pomp and splendor of his reign. Mahmud II would spend his summers here. Finding the space inadequate, he had had new palatial apartments built behind the palace. However, he had plans to make this palace not merely a summer place, but large enough for year-round residence. These plans were to be realized toward the end of his reign. Until this time the Çırağan had been considered a small summer palace and waterside mansion. Now with its true size and its true function, it would be given the characteristics of a seaside palace.

ederken, mimaride de yeni açılımlara öncülük ederek inşa çalışmalarına önayak olmuştur. Geleneği temsil eden Topkapı Sarayı yerine, yeniliği ve değişimi yansıtan Çırağan Sarayı, plan ve kullanım açısından bu anlayışın ürünüdür. Tasarımında masa-sandalye düzeninin dikkate alındığı ilk modern saray yapısı olan Eski Çırağan; üçgen alınlık, iyonik sütun başlıkları, mermer çatı korkulukları ve bol sütun dizileri ile Batı kökenli mimari form ve süsleme öğelerine yer verilmiş bir yapı idi. Bu yeni Saray, üslupça da yapıldığı dönemin modasına uygundu. Batı neo-klasiğine belirgin bir ampir görünümü kazandırılmıştır. İç ve dış cephe kaplamalarının ahşap oluşu da Osmanlı mimarisine özgü yönünü ortaya koymaktadır.

Sultan Abdülmecit tahta çıktığında, babası II. Mahmut'un yaptırdığı Eski Çırağan Sarayı bitmek üzeredir. İnşaatı 1841 yılında tamamlandıktan sonra, saltanatının ilk on dört yılında en yoğun olarak kullandığı saray haline gelir. 1856'da Dolmabahçe Sarayı'na geçilinceye kadar, Abdülmecit'in hemen hemen bütün çocukları bu sarayda doğmuştur. 1840'ta V. Murat, 1842'de II. Abdülhamit ve 1844'de V. Mehmet Reşat, Eski Çırağan Sarayı'nda doğup büyümüşlerdir.

Sultan Abdülmecit döneminde Eski Çırağan Sarayı, önemli toplantı ve merasimlere de şahit olmuştur. Osmanlı Devleti'nin

The construction of the first Çırağan Palace begun in 1834 by architect Es-Seyyid Abdullah, the director of Ebniye-i Hassa. The old summer palace and lodge were torn down and taken away. In order to make the palace grounds the size he desired, the sultan had the nearby buildings razed. The Hanım Kadın(Women's) mosque and the school which had been built by the Egyptian merchant, Eğribozlu Hacı Mehmet Ağa, in 1775 and other buildings in the area were torn down. The most unique feature of this first Çırağan Seaside Palace was the series of front supporting columns, brought from Marmara Island in 1837.

XIX. yüzyılda girdiği en büyük savaşlardan biri olan Kırım Harbi öncesinde Rusya ile savaş durumunun kabul edilmesi, 25 Eylül 1853'te burada kararlaştırılır. Sultan Abdülmecit'in kızı Fatma Sultan'ın, Tanzimat'ın ilanında büyük görevler üstlenmiş olan Mustafa Reşit Paşa'nın oğlu Ali Galip Bey ile evlilik töreni, 7 Ağustos 1854 günü bu sarayda yapılmıştır.

Sultan Abdülmecit'in saltanat yıllarında, Osmanlı Devleti'nin mali düzeni, sonraki dönemleri de derinden etkileyecek bir buhran içerisine girmişti. Özellikle Dolmabahçe Sarayı'nın inşaatıyla birlikte Ihlamur köşklerinin yapımı, Göksu Kasrı, Adile ve Fatma Sultan saraylarının inşası, hazinenin büyük ölçüde borçlanmasına neden olmuştu. Bu arada Eski Çırağan Sarayı yıktırılmış (1857), yerine yeni bir saray yaptırılmak isteniyordu. Sultan Abdülmecit'in Çırağan'da yeni bir saray yaptırma isteği karşısında Sadrazam Ali Paşa'nın, hazinenin durumunun müsait olmadığını belirtmesi, azline sebep olur.

Not: Osmanlı İmparatorluğu yönetim yerini 1856 yılında Dolmabaçe Sarayı'na naklettikten sonra Çırağan Sarayı, Meclis-i Mebusan olarak kullanılmıştır. 1910 yılındaki büyük yangından sonra harap bir şekilde bırakılan Çırağan Sarayı, Kempinski grubu tarafından tadil edilmiştir. Bitişiğinde buluna Çırağan Palace Kempinski Oteli konuklara hizmet vermektedir.

Ottoman history recognizes the role of Sultan Mahmut II in introducing many fundamental changes and improvements in architecture, initiating many advances in construction, giving it a more modern appearance. The first Çırağan Palace was a product of this new and different philosophy, in design and function contrasting with the traditional Topkapı Palace. In concept the old Ciragan was the first modern palace on the table-chair design. It was a construction with a triangular pediment, ionic column tops, marble parapets on the roof, and many rows of columns. These classical elements were combined with elements of western architectural forms and ornamentation. The new palace was suitable in style to the era in which it was built. It clearly presented a Western, neo-classical, imperial appearance. Yet the interior and exterior wooden paneling gave it an appearance unique to Ottoman architecture.

When Sultan Abdülmecit came to the throne, the "Old Çırağan Palace," which his father had commissioned, was almost finished. After its completion in 1841, it became the most used palace during much of Abdülmecit's sultanate. Until he moved to Dolmabahçe Palace in 1856, almost all of Abdülmecit's children were born in this palace. Murat V in 1840, Abdülhamit II in 1842 and Mehmet Reşat V were all born and raised in the Old Çırağan Palace.

During Sultan Abdülmecit's reign the Old Çırağan Palace was witness to many important meetings and ceremonies. It was here on September 25, 1853 that the Ottoman Empire declared war on Russia and entered the Crimean War, one of the great wars of the 19th century. On August 7, 1854 the wedding ceremony of Sultan Abdülmecit's daughter, Fatma Sultan, and Ali Galip Bey, was held in this palace. Ali Galip Bey was the son of Mustafa Resit Pasha, who had played a great role in the Ottoman political reform movement called the "Tanzimat."

During the reign of Sultan Abdülmecit the Ottoman Empire entered a financial crisis that would deeply affect subsequent periods. The construction of various palaces in addition to Dolmabahçe Palace--the Ihlamur Kiosk, the Göksu pleasure palace, the Adile and Fatma Sultan palaces--forced the National Treasury into great debt. At this time the Old Çırağan Palace was torn down in 1857. A new palace was to have been erected in its place. However, Sultan Abdülmecit's request for the construction of a new palace at Çırağan was turned down by Sadrazan Ali Pasha on the grounds of insufficient funds in the Treasury.

Note: After the Ottoman Empire moved its quarters to Dolmabahçe Palace in 1856, the Çırağan Palace was used as a Grand National Assembly building. Left in ruins after a great fire in 1910, it was turned over to the Çırağan Palace Kempinski Group,who run a hotel adjoining the palace.

YILDIZ SARAYI

Beşiktaş Yıldız Tepesi'nde bulunan Yıldız Sarayı, Türk-Osmanlı saray mimarisinin en son örneğini yansıtır. Saray'ın bulunduğu "Hazine-i Hassa"ya kayıtlı bu arazi, Kanuni Sultan Süleyman döneminden beri padişahlar tarafından av sahası olarak kullanılmaktaydı. Bu araziye ilk kasrı yaptıran Sultan I. Ahmet'tir. (1603–1617)Sultan IV. Murat da (1617–1640) avlanmaya geldiği zaman bu kasırda istirahat ediyordu. XVIII. yüzyıl sonunda, Sultan III. Selim (1789–1807) validesi Mihrişah Sultan için buraya başka bir kasır yaptırmış ve bu kasra "Yıldız" ismi verilmiştir. Sultan Selim, sarayın iç bahçesinde rokoko stilinde bir de çeşme yaptırmıştır.

Sultan III. Selim'den sonra tahta çıkan Sultan II. Mahmut da (1808–1839) Yıldız Bahçesi'nde düzenlenen ok atışlarını ve güreş oyunlarını seyretmek için buraya gelirdi. Bu padişah, 1834–1835 yıllarında burada bir köşk yaptırarak etrafını da bir bahçeyle düzenletmişti. 1826'da Yeniçeri Ocağı'nı ortadan kaldıran Sultan II. Mahmut "Asakir-i Mansure-i Muhammediye" adıyla yeni kurulan ordunun Yıldız Bahçesi'nde yapılan talimlerini bizzat buradan denetlerdi.

Oğlu Sultan Abdülmecit (1839–1861) bu köşkleri yıktırarak, 1842 yılında daha güzel bir üslupta olan "Kasr-ı Dilküşa" isimli köşkü, annesi Bezm-i Âlem Valide Sultan için yaptırmıştır. Genellikle yaz aylarında Yıldız Köşkü'ne oturmaya gelen Sultan Abdülaziz (1861–1876) ise, Balyan Ailesi mimarlarına Büyük Mabeyn Köşkü'nü inşa ettirmiştir. Daha sonra da, dış bahçe denilen kısma Malta ve

YILDIZ PALACE

This palace, on Yıldız Hill in Beşiktaş, reflects the last phase of Turkish Ottoman palace architecture. The land on which the palace stands, registered as Hazine-i Hassa, was used by Ottoman sultans as a hunting ground from the time of Süleyman the Magnificent. The first sultan to make a summer palace here was Ahmet I (1603-1617). Sultan Murat IV (1617-1640) would rest in this palace after hunting. At the end of the 18th century Mihrişah Sultan, mother of Selim III (1789-1807) had another summer palace built here and named it "Yıldız." Sultan Selim had a rococo-style fountain built in the palace's inner garden.

Coming to the throne after Selim III, Mahmut II (1808-1839) would come to watch archery tournaments and wrestling matches held in the Yıldız gardens. The sultan built a kiosk with a surrounding garden here in the years 1834-35. In 1826, having abolished the Janissary Corps, Mahmut II would observe his new army, named Asakir-i Mansure-i Muhamediye, drill in the Yıldız gardens.

Çadır köşklerini, asıl saray kısmına ise Çit Kasrı'nı ekletmiştir.

Sultan Abdülaziz'in tahttan indirilmesinden sonra Sultan V. Murat (1876), 92 gün süren saltanatında Yıldız Sarayı'nda oturmuştur. Sultan Murat'ın akli rahatsızlığı nedeniyle tahttan indirilmesinden sonra, kardeşi Sultan II. Abdülhamit'in (1876–1909) 33 yıllık saltanat devri başlar. Sultan II. Abdülhamit, amcası Sultan Abdülaziz'in ve ağabeyi Sultan V. Murat'ın birbirini takip eden ikametlerine sahne olan Dolmabahçe Sarayı'nın deniz kıyısında bulunması ve bu sarayın denizden kuşatılması ihtimalini göz önünde bulundurarak, 7 Nisan 1877'de Yıldız'a taşınmıştır.

Saray, asıl yapılaşmasına bu padişah döneminde başlamış ve buraya "Yıldız Sarayı Hümayunu" ismi verilmiştir. Sultan Abdülhamit zamanında, civardaki arazi de alınmış, şimdi Yıldız Parkı denilen, dış bahçe 80 dönümlük bir araziye yayılmıştır. Saray'da, sultanlar ve şehzadeler tarafından ikametgâh olarak kullanılan ve resmi görevlilere tahsis olunan köşklerden başka; Tiyatro, Müze, Kitaplık, Eczane, Hayvanat Bahçesi, Mescit, Hamam, Tamirhane, Marangozhane, Demirhane, Kilithane gibi çeşitli binalar da bulunmaktadır. Saray'ın hemen dışında Birinci Ordu'ya bağlı hassa tümeninin askerleri bulunmaktaydı.

Sultan II. Abdülhamit'ten sonra yerine geçen, Sultan Mehmet Reşat (1909–1918), Hususi Daire denilen köşkün "Dört Mevsim Salonu"nda ameliyat edilmiştir. Mehmet Reşat'ın 3 Temmuz 1918'de ölümünden sonra, Sultan VI. Mehmet Vahdettin (1918–1922) padişah olmuştur. Daha çok Dolmabahçe Sarayı'nda ikamet eden Sultan Vahdettin, zaman zaman Yıldız Sarayı'nı da kullanmıştır. 1994 yılında Saray, müze olarak ziyarete açılmıştır.

Mahmut II's son Abdülmecit (1839-1861) had this kiosk torn down, and in 1842, he had a more beautiful kiosk, called "Kasr-ı Dilkusu, built for his mother, Bezm-i Alem Sultan. Generally spending the summer months at Yıldız Kiosk, Sultan Abdülaziz (1861-1876) had the Big Royal Kiosk built by the Balyan family architects. Later he added the Malta and Çadır Kiosks in the outer garden and the Çit pleasure House in the true palace part.

After Sultan Abdülaziz was removed from the throne, Sultan Murat V spent the 92 days of his reign at Yıldız Palace (1876). Sultan Murat V was removed because of mental illness, after whom his brother Abdülhamit II (1876-1909) ruled for 33 years. Following his uncle, Abdülaziz, and his brother Murat V, Abdülhamit moved to Yıldız Palace on April 7, 1877 out of fear that residing at Dolmabahçe Palace put him jeopardy of being surrounded from the sea.

The palace's true construction began in this sultan's reign, and it was given the name "The Royal Yıldız Palace". In Abdülhamit's time the land around the palace was purchased, now called "Yıldız Park," and the outer garden spread over a wide area.

In addition to the kiosks in the palace complex that the sultan and the princes used for residence and official functions, there were various other buildings, including a theater, a museum, a library, a pharmacy, a small mosque, a Turkish bath, a zoo, a repair shop, a carpenter's shop, an iron maker's, and a locksmith. The imperial guard, tied to the First Army, was stationed just outside the palace walls.

The next sultan, Sultan Mehmet Reşat (1909-1918) was operated on in the private apartments of the palace. After his death on July 3, 1918, Mehmet Vahdettin VI became sultan. Residing primarily in Dolmabahçe Palace, from time to time he used Yıldız Palace. In 1994 the palace was opened to visitors as a museum.

İNGİLİZ SARAYI

İngilizler'in deyimiyle "Pera House", yani Tepebaşı'ndaki İngiliz Sarayı, tabiri caizse, minyatür bir Buckingham Sarayı niteliğindedir. 1803 yılında tamamlanan İngiltere Sarayı, 1831 yılında Pera'da çıkan bir yangında tamamıyla yanıp kül olmuş; bir süre yeni binanın Pera'da mı, yoksa Tarabya'da mı yapılması konusunda karar verilememiştir.

Osmanlı Sarayı'nın katkısıyla Mr. W. J. Smith tarafından mimari projesi yapılan bugünkü saray, 1847 ve 1848 yıllarında Sir Charles Barry'nin yaptığı bazı değişikliklerle geleneksel Klasik Yunan stilinin aksine Anglo-İtalyan stilini yansıtır.

Saray'ın dış görünümü gerçekten çok görkemlidir. Arka bölümdeki büyük bahçede 800–1000 kişilik resepsiyon verilebiliyor. Bunlardan en önemlisi haziran ayında düzenlenen Kraliçe'nin doğum partisidir. Yemyeşil çim alanın etrafı çepeçevre güldür. Geleneksel çilek ve yanında krema bütün masaları süsler.

İngiliz sarayının maliyeti ve içinin döşenmesi İngiltere'nin diğer büyükelçiliklerine kıyasla çok pahalıya çıkmıştır.

1850 yılında harcamalar 83.765 poundu bulmuştur. Saray'ın restorasyonu tamamlandıktan sonra (1856), görkemli bir balo ile açılışı yapılmış ve baloya Sultan Abdülmecit de bizzat katılmıştır. 6 Haziran 1870'te Pera'daki büyük yangında saray yine büyük hasara uğramış; ancak dönemin büyükelçisi Sir Henry Elliot ve elçilik çalışanları özel gayretle binayı ve eşyaları kurtarmaya çalışmışlardır.

Saray'ın ana girişi ve iç bölümü görkemli mermer merdivenlerden ikinci kata çıkış ve dikdörtgen şeklinde çepeçevre bulunan koridorlarla ilginç mimariyi yansıtır. Koridorlardan alt kattaki "Palm Court" adı verilen bir avluya bakılır. Misafir Kabul Salonu eski Yunan sütunları ile süslenmiş olup buradan Haliç'in görünümü güzel bir manzara oluşturur.

THE BRITISH PALACE 'PERA HOUSE'

The British Palace called "The Pera House" at Tepebasi, is like a miniature of Buckingham Palace. A great fire which broke out in Pera in 1831 burned all of Pera to the ground, including the British Palace which had been completed in 1803. For some time it was debated where to rebuild the palace, in Pera or Tarabya.

With the help of the Ottoman Government, plans were drawn up for today's palace by the architect W.J Smith, with changes made in 1847 and 1848 by Sir Charles Barry. The architectural project reflected the Anglo-Italian, rather than Classical Greek style

The outside appearance of the palace is indeed splendid. The backyard is large enough to host a garden party for 800-1000 people. The most important one is held in June each year, to celebrate the Queen's birthday. Green grass is encircled by roses; dishes of the traditional strawberries-and-cream are laid on the tables.

The cost of the British Palace and its furnishings was much greater than any other British Embassy. In 1850 the expenses had reached 83.765

Resepsiyon Bölümü'ndeki eşyalar XVIII. yüzyıl İngiliz stilindedir. Ayrıca Kabul Salonu'nda Fransız stili Louis XVI kanepe ve koltukları bulunmaktadır. Saray'da nadide İran halıları da vardır.

Balo Salonu'nda bulunan tanesi 400 kiloluk iki kristal avizenin duvarlarda aplikleri bulunmaktadır. Toplam bir ton olan bu muhteşem avizeler İngiltere'nin "Messers" firması tarafından üretilmiş olup son olarak 2002 yılında maruz kalınan bombalama olayından sonra aynı yere gönderilerek temizlenmiş ve yerlerine takılmıştır. Bu görkemli avizelerin öyküsü ilginçtir. 1854 yılında Moskova'daki İngiliz Büyükelçiliği'ne gitmek üzere yola çıkan dev avizeler, Kırım Savaşı'ndan dolayı yola devam edemeyerek İstanbul'da bekletilmiş ve o dönemde restorasyonu yeni biten İstanbul'daki İngiliz Sarayı'na verilmiştir.

pounds. After restoration of the Palace in (1856) it was reopened with a grand ball. The ruler of the Ottoman Empire, Sultan Abdülmecid personally attended the ball. Another great fire in Pera on June 6, 1870 badly damaged the palace. However, this time with the effort of the ambassador, Sir Henry Elliot, and his staff the building and its contents were saved.

The main entrance to the palace, leads to the beautiful marble stairs to the second floor, which is surrounded by corridors in a rectangular shape. It is an unusual architectural style. From the corridors one can look down on "Palm Court", a central courtyard on the ground floor. There are Grecian columns in the Reception Room, which overlooks the Golden Horn. The furniture in the reception rooms is 18th century English. The main reception room has sofas and chairs in Louis XVI style. The palace contains some ancient Persian rugs as well.

In the ballroom there are two crystal chandeliers, each weighing 400 kilos. These magnificent chandeliers were made by English firm

"Messers". After the terrorist bombing of the building in 2000, the chandeliers were dismantled, sent back to the original firm for cleaning, they were reinstalled in their places. Each chandelier holds more

than 100 light bulbs and has to be lowered by special crane for cleaning. There is an interesting story behind the chandeliers.

In 1854 two trucks loaded with giant chandeliers set off for the British Embassy in Moscow. Because of the Crimean war they were stalled in İstanbul, unable to proceed. The restoration of the British Palace had just been completed, thus the chandeliers were given to the palace.

AVUSTURYA SARAYI

Bir kültür ve sanat ülkesi olan Avusturya'nın İstanbul Başkonsolosluk Binası Yeniköy'de bulunmaktadır. 28 Eylül 1882 tarihli ferman ile Sultan II. Abdülhamit, Avusturya İmparatoru Franz Josef'e bina ve arsayı hediye etmiştir. Arazi o dönemde dördü Sultan Beyazıt vakfına ait olmak üzere yedi vakıf malından oluşmaktaydı.

Ermeni Banker Cezayirli Mıgırdıç Ailesi'ne ait olan bu bina, neo klasik stil tarzında tahminen XIX. yüzyıl ortalarında Baylanlar'ın ikinci kalfalığını yapan Mıgırdıç Kalfa (Çarkyan) tarafından inşa edilmiştir; iç düzenlenmesi hiçbir zaman tamamlanamamıştı. XVIII. yüzyılda diğer büyük Avrupa devletlerinin aksine, o dönemdeki Büyükelçi Josef Hammer Purgstall 1799 yılında Büyükdere'de kiraladığı bir yazlık ikametgâha sahipti. Avusturya tarafından 1894 - 1898 yılları arasında arazinin ana binası ve müştemilatında geniş çapta yenileme çalışmaları gerçekleşti.
İç düzenleme çalışmaları o zamanki imparatorluk stilinde sürdürüldü.

Avusturya Sarayı'nın öyküsü hayli karışıktır. Savaşlar Sonucu birkaç kez sahip değiştirmiştir. 1938 yılında Birinci Dünya Savaşı'nın sona ermesiyle

THE AUSTRIAN PALACE

The Austrian Consulate building of İstanbul is located in Yeniköy. In an edict issued on September 28, 1882, Sultan Abdülmecit II gave the land and building of the Yeniköy compound to Emperor Franz Josef as a gift, to be used as the Austrian Embassy. At that time the land was a part of the trust of Sultan Beyazıd IV, which was made up in seven parts. The building, owned by the family of the Armenian banker Cezayirli Mıgırdiç, was probably constructed in mid 19th century in the neo classical style by master builder Mıgırdıç Kalfa (Charkyan) The interior of building had never been completed. In the 18th century, contrary to other great European countries Austria had maintained a residence in Büyükdere, which the Austrian ambassador of the time (1799), Josef Hammer Purgstall, had rented as a summer residence. Between the years 1894-1898 Austria reconstructed the main building and the outbuilding in Yeniköy. The interior decoration was in the empire style.

The story of Austrian palace is very complex. At the end of the wars ownership changed hands several times. When World War I ended in 1918, the Austrian property was given to Hungary until 1938. The contents of the palace were partially sold in 1918 by the ambassador; Markgraf Pallavici; in order to run the daily ministry work. This led the chaotic plundering. In summer of 1920 the palace was used as the office of the English High Commissioner.
In 1938 when Austria was annexed by Hitler, the building

birlikte Avusturya'nın İstanbul'da sahip olduğu tek mülk olarak kalan bina, kabul edilen dağıtım sistemine göre 1918 yılına kadar aynı zamanda Macaristan'ın da mülkü idi. 1920 yılı yaz aylarında İngiliz Yüksek Komiserliği'nin bürosu olarak kullanıldı. 1938'de Avusturya'nın Hitler tarafından ilhak edilmesi ile bina Alman mülkiyetine geçti (27.02.1941 tarihli Sarıyer tapu kaydı ile). Nihayet Yeniköy'deki saray 14.06.1947 tarihi itibarıyla Avusturya Federal Cumhuriyeti'nin mülkü olarak Sarıyer tapusuna kaydedildi.

Avusturya Dışişleri Bakanlığı'nın emriyle (A. Machatschek) ve W. Schermann Viyana Mimari büroları ile Koray Firması'nın İstanbul Bürosu işbirliği ile 1992–1994 yılları arasında ana binada ve yan binalarda kısmen de çok değişik bitki örtüsüne sahip bahçe alanında (30.000m2) gerçekleştirdikleri geniş çapta restorasyon için 50 milyon Avusturya şilini tahsis edildi. Avusturya Kültür Ofisi halen bu binada faaliyetlerine devam etmektedir.

Son derece sade ve şık döşenmiş Resepsiyon Salonu, Balo ve Yemek salonlarının hemen yanında bulunmaktadır. Resepsiyon Salonu'nun duvarındaki antik goblende bir av sahnesi canlandırılmıştır. Akustiği müzisyenler tarafından son derece beğenilen Balo Salonu şık Murano avizeleriyle süslenmiştir. Tavan süslemeleri ise Avusturya'nın tezyin sanatındaki başarısının bir örneğidir. Avusturya Saray'ında yıl içinde konserler düzenlenir ve genç Türk sanatkârları tanıtılır.

became German Property, the deed being registered in Sariyer on February 27, 1941. Finally on June 14 1947 it became a property of the Federal Republic Austria, and was registered in the Sariyer deed.

With decision of the Austrian Foreign Office, the architectural firm of Vienna, A. Machatchek and W. Shermann, together with Koray Firm of İstanbul undertook a widespread restoration of the main building, the outbuilding, and the 30000 m² garden, which contains many varieties of plants. 50 million Austrian schillings were appropriated for this restoration which lasted two years (1992-1994).

The very simple and elegantly decorated Reception room is located right next to Ballroom and Dining Room. On the wall of the Reception room is an antique tapestry depicting a hunt scene. The Ballroom, very much appreciated for acoustic by musicians, is ornamented by elegant Murona Chandeliers. The Decorations on the ceiling are an example of Austrian decorative art work.

The Austrian consulate and the Austrian Cultural Office now conduct their functions from this building. Every month the Austrian Cultural Office organizes concerts, open to public, to introduce young Turkish Musician.

The simple and elegantly decorated Reception room is located right next to Ballroom and Dining Room. On the wall of the Reception room is an antique tapestry depicting a hunt scene. The Ballroom, very much appreciated for its acoustic by musicians, is ornamented by elegant Murona Chandeliers. The Decorations on the ceiling are an example of Austrian decorative art work.

RUS SARAYI

Rusya Federasyonu Başkonsolosluğu bahçesinden, ilk kez gün ışığında geçerken koyu maun bir kapının önüne geldiğinizde ihtişam ve güzellikle karşılaşırsınız. Kendinizi adeta Beyoğlu'nun göbeğinde değil, eski Rus İmparatorluğu'nun simgesini yansıtan St. Petersburg'da bir saraya gelmiş sanırsınız.

Saray'ın görkemli antresinden geçerek muhteşem kristal avizelerin süslediği ikinci kata çıkılır. Çar I. Nicholas döneminde kendisinin talimatıyla yapılmış bu Saray'ın öyküsü şöyledir: XIX. yüzyıl başında Rus İmparatorluğu'nun başkenti St. Petersburg'da iki İtalyan mimar tarafından

THE RUSSIAN PALACE

The beautiful and impressive Russian palace welcomes the visitor upon entering the front garden. It resembles so much like the palaces of St. Petersburg that it is inevitable to believe it is Beyoğlu rather than St. Petersburg. Here is the story of the palace built by the order of Czar Nicholas I.

At the beginning of the 19th century the Russian Czar became aware of the two famous Italian architects, the brothers Fosatti and Giuseppe Gillerion, who had constructed buildings in St. Petersburg, the capital of Russian empire. In 1837 he engaged these architects to construct a Russian Palace in the district of Pera (Beyoğlu) in İstanbul, the Capital of the Ottoman Empire. The famous fire which broke out in Pera in 1867 burned this Russian palace to the ground.

görkemli saraylar inşa eden Fosatti ve Guiseppe Gillieron kardeşlerin ünü Çar'ın kulağına kadar gitmişti. İşte bu iki mimar Osmanlı İmparatorluğu'nun başkenti İstanbul'un Pera (Beyoğlu) semtinde 1837 yılında bir saray inşa etmek için bizzat çar tarafından görevlendirildi. Bu Saray sayesinde İstanbul'da ün salan İtalyan mimar kardeşler, başka binalar da yaptılar. Pera'da çıkan meşhur 1867 yangınında Rus sarayı kül oldu. Ancak yıllar sonra yeniden inşa edildi; hatta Sibirya'dan özel kereste gönderilerek salonların tavan süslemeleri yapıldı.

Rusya Konsolosluğu'nun ihtişamlı sarayının en görkemli yeri Balo Salonu'dur. Salonun dört bir kenarına serpiştirilen sütunlar yüzlerce yıldır kim bilir kaç görkemli balodan yükselen kahkaha seslerine şahitlik etmiştir. Kristal avizeler altında tavan süslerinin güzelliği ile Konferans Salonu ve muazzam Balo Salonu muhteşem bir görüntü sergiler. Son olarak 1999 yılında İstanbul'a gelen başkan Yeltsin, Saray'ı görünce çok etkilenmiş ve restorasyonu için hemen talimat vermiştir.

Years later it was rebuilt, with special lumber brought from Siberia to use in its ceiling decorations.

Perhaps the grandest of all rooms in the Russian Palace is the Ballroom with marble columns, which have witnessed many splendid balls and receptions attended by noble people.

The palace contains many more magnificent rooms. Crystal chandeliers illuminate richly decorated ceilings, enchanting all who see them. When President Yeltsin visited İstanbul in 1999, he was so impressed by the palace that he immediately had funds allocated for all necessary repairs.

Boğaz / The Bosphorus

ANADOLU HİSARI

Anadolu Hisarı, aynı adlı semtte istanul'un Asya yakasında, Göksu Deresi'nin Boğaz'a döküldüğü yerdedir. 1395'te Yıldırım Beyazıt tarafından yaptırılmıştır. Fatih Sultan Mehmet, Rumeli Hisarı'nı yaptırırken bu kaleye de dış surlar ekletmiştir. Anadolu Hisarı, İstanbul'un alınmasından sonra askerî önemini yitirmiştir. Çevresi zamanla bir yerleşim bölgesi durumuna gelmiştir. Anadolu Hisarı, İç ve Dış Kale ile bu kalelerin surlarından oluşur. İç Kale dikdörtgen biçiminde, dört katlı bir kuledir. İlk yapıldığında giriş kapısı bulunmadığı için kuleye İç Kale surlarına uzanan bir asma köprüden girilirdi. Üst katlarına da içerideki ahşap merdivenlerle çıkılırdı.

İç Kale surları, Dış Kale'nin kuzeydoğu ve kuzeybatı köşelerini birleştirmektedir. Bu surlar 3 metre kalınlığındadır. İç surlarla birleşen Dış Kale surlarının üzerinde birçok kemer ve surları korumak için yapılmış üç kule bulunur. Asıl kalenin surları doğu-batı yönünde 65 metre, kuzey-güney yönünde 80 metre boyunca uzanır. Surların kalınlığı 2.5 metredir. Dış surlarda topların yerleştirildiği delikler bulunur.

Anadolu Hisarı'nın asıl kalesinde ve iç surlarında, araları harçla doldurulmuş blok taşlar kullanılmıştır. Bugün bazı bölümleri yıkık olan Anadolu Hisarı'nın ortasından yol geçmektedir.

THE ANATOLIAN CASTLE (ANADOLU HİSAR)

The Anatolian Castle is in the district which bears its name on the Asian shore, where the Göksu stream enters the Bosphorus. It was built in 1395 by Yıldırım Beyazıt. The outer ramparts were added by Mehmet the Conqueror when he built the castle at Rumeli. The castle lost its military value after İstanbul was conquered. Over time the vicinity became a settled community. Anadolu Hisar is made up of an outer and inner fort and the surrounding walls. The four-storied inner fort is rectangular. As no gate into the castle was made when it was first constructed, the castle was entered by a suspension bridge from the walls. The upper floors were reached by wooden stairs inside the fort.

The inner fort connects the outer walls to the northeast and southwest corners. These walls are three meters thick, with several arches, and three protecting towers. The actual walls are 65 meters long from east to west, 80 meters long from north to south, They are 2.5 meters thick. There are holes in the outer walls from cannon balls.

Blocks of stone mixed with mortar were used between the castle itself and the inner walls. A road now passes through the middle of the castle, parts of which have been destroyed.

RUMELİ HİSARI

İstanbul Avrupa yakasında bulunan Rumeli Hisarı, 30 dönümlük bir alanı kapsamaktadır. Anadolu Hisarı'nın karşısında İstanbul Boğazı'nın 600 metrelik en dar ve akıntılı kısmında, uzaktan bakıldığı zaman eski harflerle "Muhammed" biçiminde okunacak şekilde inşa edilmiş bir hisardır. 139 gün gibi kısa bir sürede tamamlanan Hisar'ın üç büyük kulesi, dünyanın en büyük kale burçlarına sahiptir.

Rumelihisarı'nın adı Fatih vakfiyelerinde "Kulle-i Cedide", *Neşrî Tarihi*'nde "Yenice Hisar", Kemalpaşazade, Aşıkpaşazade ve Nişancı Tarihlerinde "Boğazkesen Hisarı" olarak geçmektedir.

Hisar'ın inşaasına 15 Nisan 1452'de başlanmıştır. İş bölümü yapılarak her bölümün inşaası bir paşanın denetimine verilmiş, deniz tarafına düşen bölümün inşaasını da Fatih Sultan Mehmet bizzat kendisi üstlenmiştir.

THE CASTLE AT RUMELİ (RUMELİ HİSAR)

The Rumeli Castle, or Fortress, on a 30000 square meter of land on the European side. It is directly across the Anatolian Castle of the Bosphorus. At this point the Bosphorus is at its narrowest (600meters) location. The castle was constructed to resemble from a distance the ancient letters spelling out Mohammed's name. The three large towers of the castle, the largest in the

Denizden bakıldığında, sağ taraftaki kulenin yapımına Saruca Paşa, sol taraftakinin yapımına Zağanos Paşa, kıyıdaki kulenin yapımına da Halil Paşa nezaret etmiştir. Buralardaki kuleler de bu paşaların adlarını taşımaktadırlar. Hisar'ın inşaası 31 Ağustos 1452'de tamamlanmıştır. Hisar'ın yapımında kullanılan keresteler İznik ve Karadeniz Ereğlisi'nden, taşlar ve kireç Anadolu'nun değişik yerlerinden ve spoliler (devşirme parça taş) çevredeki harap Bizans yapılarından temin edilmiştir. Mimar E. H. Ayverdi'ye göre Hisar'ın yapımında yaklaşık olarak 300 usta, 700-800 işçi, 200 arabacı, kayıkçı, nakliyeci ve diğer tayfa çalışmıştır. 60.000 metrekare alanı kaplayan eserin sadece iskelet hacmi yaklaşık 57.700 metreküptür.

Rumelihisarı'nın Saruca Paşa, Halil Paşa ve Zağanos Paşa adlarında üç büyük ve Küçük Zağanos Paşa adında bir ufak, toplam dört kulesi ile on üç irili ufaklı burcu bulunmaktadır. Zemin katları ile birlikte Saruca Paşa ve Halil Paşa kuleleri dokuz katlı, Zağanos Paşa Kulesi ise sekiz katlıdır. Saruca Paşa Kulesi'nin çapı 23.30 metre, duvar kalınlığı 7 metre, yüksekliği ise 28 metredir. Zağanos Paşa Kulesi'nin çapı 26.70 metre, duvar kalınlığı 5.70 metre, yüksekliği ise 21 metredir. Halil Paşa Kulesi'nin çapı 23.30 metre, duvar kalınlığı 6.5 metre ve yüksekliği de 22 metredir.

Hisar'ın büyük kulelerini birleştiren çevirme duvarlarının kuzeyden güneye uzunluğu 250 metre, doğudan batıya uzunluğu ise 125 metredir. Dağ Kapısı, Dizdar Kapısı, Hisarpeçe Kapısı ve Sel Kapısı olmak üzere dört ana kapı ve "Mezarlık Kapısı" olarak adlandırılan bir kapısı daha vardır. Güneye bakan kulenin yakınında, cephane ve erzak mahzenlerine giden yolların ucunda, iki gizli kapısı daha bulunmaktadır. Biri tıkalı iki su mecrası, ikisi kaybolmuş üç çeşmesi vardır. Cami'den günümüze yalnızca yıkık minaresi kalmıştır.

Rumeli Hisarı, 1509 depreminde büyük zarar görmüş ancak hemen onarılmıştır. 1746 yılında çıkan yangında ahşap kısmı harap olmuştur. Hisar tekrar III. Selim (1789-1807) döneminde onarılmıştır. Hisarın kulelerini örten ahşap külahlar yıkılınca, kale içi küçük ahşap evlerle dolmuştur. 1953 yılında Hisar'ın onarımı için gerekli çalışmalar başlatılmış, kale içindeki ahşap evler kamulaştırılarak yıkılmış ve restorasyon gerçekleştirilmiştir.

Rumeli Hisarı bugün müze ve açık hava tiyatrosu olarak kullanılmaktadır. Hisar'da sergi salonu bulunmamaktadır. Toplar, gülleler ve Haliç'i kapattığı söylenen zincirin bir parçasından oluşan eserler, bahçede sergilenmektedir. Burada yazın "Rumeli Hisarı Açık Hava Konserleri" düzenlenir.

world, were completed in 139 days. The castle has had many names over the years: "Kulle-i Cedide," "Yenice Castle," "The Castle that Cut the Bosphorus."

The construction of the castle began on April 15, 1452. Its supervision was delegated to different pashas. Mehmet the Conqueror himself took over the side facing the sea. The tower to the right was given to Saruca Pasha; the one to the left was given to Zaganos Pasha, and the one by the shore to Halil Pasha. Therefore the towers are named after the pashas. The castle was completed on August 31, 1452. The lumber for the construction came from İznik and Karadeniz Ereğli, the stones and lime from various places in Anatolia, and the rubble stone was gathered from Byzantine ruins in the area.

There are three large towers--Saruca Pasha, Halil Pasha, and Zaganos Pasha--one small tower--"Little Zaganos Pasha--and 13 wide, small bastions. Counting the basement floor the Saruca Pasha and Halil Pasha towers have 9 floors, the Zaganos Pasha tower has 8. The diameter of the Saruca pasha tower is 23.3 meters, the walls are 7 meters thick and the height is 28 meters. The Zaganos Pasha tower has a diameter of 26.7 meters, the wall thickness is 5.7 meters and it is 21 meters high. The Halil Pasha tower's diameter is 23.3 meters, the wall thickness is 6.4 meters and the height is 22 meters.

The surrounding wall which unites the towers is 250 meters long to the north, east to west 125 meters. There are four main gates and one secondary gate. There are also two hidden gates at the end of the path besides the tower facing south which leads to the underground food storage room. There were two streams, one of which has dried up, and three fountains, two of which have been lost. A broken minaret is all that is left of the mosque.

The castle was badly damaged in the earthquake of 1509, but was repaired swiftly. The wooden parts of the castle burned in a fire in 1746. The castle was repaired during the reign of Selim III (1789-1807). When the wooden cones fell off the towers, the inside of the castle became filled with little wooden houses. These houses were expropriated and torn down during the restoration of 1953.

Today the Rumeli Castle is used as a museum and an open-air theater. It has no exhibition room. Cannons, cannonballs, and a piece of the chain which is said to have closed off the Golden Horn are exhibited in the garden. Open-air concerts are held within the castle in summer.

Boğaz / The Bosphorus

Tarihi Yalılar / Historical Yalis

KÖPRÜLÜ YALISI

İstanbul'un Anadolu Hisarı'nda bulunan en eski yalısı *Nazım Divanı*'nda bulunan bir tarih beytine göre 1699 yılında inşa edilmiştir. Sadrazam Köprülü Fazıl Ahmet Paşa'nın amcasının oğlu olduğu için "Amcazade" lakabıyla anılan Hüseyin Paşa'ya aittir.

Osmanlı Devleti'nde güçlü ve kudretli devlet adamlarının en parlak örneklerinden birini de Köprülü Ailesi oluşturmaktadır. Devletin en sıkıntılı bulunduğu bir devirde işbaşına getirilen Köprülü Mehmet Paşa, İstanbul'daki ve Anadolu'daki isyanları yatıştırdıktan sonra, dışarıda büyük zaferlere imza atmıştır. İleri yaşına rağmen büyük bir dirayet gösteren Köprülü Mehmet Paşa'nın oğlu Fazıl Ahmet Paşa, babasının ölümünden sonra aynı makama geçmiş, o da babası gibi büyük başarılar kazanmıştır.

Bugün tek bir odası kalmış olan yalı köşkünün, eskiden arkasında bir sofası ve iki odası daha bulunmaktaydı. Bu haliyle bina Köprülü Yalısı'nın selamlık dairesini oluşturuyordu. Harem, köşkün 60-70 metre ötesinde ve Hisar tarafında inşa edilmişti. Kargopulo'nun (XIX. yüzyılın ikinci yarısında çektiği) fotoğraflarda iki bina da görülmektedir. Fotoğrafta görüldüğü kadarıyla Harem iki katlı, büyük sofalı ve ortalama yirmi kadar odaya sahip bir yalıydı. Bu binada da Hisar'a bakan köşede, on kadar penceresi olan büyük bir kabul odasının bulunduğu anlaşılmaktadır. Yalı'nın, 1893 yılındaki Balkan Savaşı sırasında yerleştirilen göçmenler yüzünden harap olduğu ve yıktırıldığından söz edilmektedir. Yalı Köşkü'nden, yani selamlıktan kalan oda "T" şeklindedir. Burada, Boğaziçi'ndeki benzer köşklerde olduğu gibi, her şeyden evvel manzaraya üç yönden açılan bir mekân vücuda getirmek arzusu hâkim olmuştur. Divanhane, üç tarafı manzaralı olduğundan, arka duvarı hariç, diğer duvarları pencere yapılmıştır. Bu durumda pencerelerin normal yükseklikte yapılması, yani üst kısımlarında cam duvar (alçı baş penceresi) olması hâlinde mekânın dayanılmaz bir ışık fazlalığı içinde kalması tehlikesi doğmaktadır. Bu sebeple üst pencereler kaldırılmıştır.

Köprülü Yalısı'nda Osmanlı tarihinin en önemli anlaşmalarından biri olan Karlofça Antlaşması imzalanmıştır. Karlofça Antlaşması (26 Ocak 1699), Osmanlı Devleti ile Avusturya İmparatorluğu arasında imzalanmış olan bir barış antlaşmasıdır. Karlofça Antlaşması, Osmanlı Devleti'nin toprak kaybettiği ilk antlaşmadır. Bu tarihten sonra Osmanlı Devleti'nin gerileme dönemi başlamıştır

THE KÖPRÜLÜ YALI

According to a date found in a couplet of Ottoman classical poetry, İstanbul's oldest yali (waterside mansion) was built in 1699 at Anadolu Hisarı. It belonged to Hüseyin Pasha, the nephew of the Grand Vizier; Köprülü Fazıl Ahmet Pasha; thus the yali was nicknamed "Amcazade" ("Amca" in Turkish means "uncle")

Only one room remains of the yali today. Previously this room had a long hall with adjacent two more rooms behind it. This complex was the selamlik section of the Köprülü Yali. The harem was 60-70 meters away from the yali on the castle side. In a photograph taken by Kargopulo in the latter half of the 19th century, there were two buildings. According to the photograph, the harem had two stories, a large hall and approximately 20 rooms. The side facing the castle had a large reception room with ten windows. During the Balkan war of 1893 immigrants were housed in the yali, leaving it in such bad shape that tearing it down was considered. The remaining kiosk of the yali, the selamlik part, is T-shaped. Here, as in all the Bosphorus yali's, the main point is to command a view from three sides. The large hall has a great view, with all the walls being large windows, except for the back wall. Because of those windows the amount of light coming in was unbearable and dangerous. Thus, the top windows have been taken away.

One of the most important treaties in Ottoman history was signed at Köprülü Yali was the Karlowitz Treaty. The Treaty of Karlowitz was signed at 1699 with Serbia, concluding the Austro-Ottoman War of 1683-1697 in which the Ottoman army was defeated. The Treaty of Karlowitz marked the beginning of the Ottoman decline in Eastern Europe and made the Habsburg Monarchy the dominant power in southeastern Europe.

KIBRISLI YALISI

Yalı'nın ilk sahibi I. Abdülhamit (1725-1789) devri sadrazamlarından İzzet Mehmet Paşa'dır. İzzet Paşa, ikinci sadaretine "Kara Vezir" diye anılan Silahtar Mehmet Paşa'nın ölümünden sonra gelmiştir. Kıbrıslı Mehmet Paşa Yalısı'ndan "Kara Vezir Yalısı" diye de bahsedilir.

Bina Harem ve Selamlık bölümlerinden oluşmaktadır. Yalı'nın deniz cephesi 64 metredir. İçerde, biri merkezde, ikisi kenarlarda olmak üzere hem deniz hem de karaya hakim üç büyük sofa bulunmaktadır. Sofalar 24 metre uzunluğundadır. Selamlık sofası 7 metre yüksekliğinde kubbeli bir sofadır. Binanın selamlık kısmına bu sofadan girilmektedir.

Binanın alt katında, Hisar tarafındaki büyük Salon'u 17.5 metre uzunluğundadır. Burada alçak pencereler ve bir kapı ile ayrılmış Limonluk kısmı vardır. Son tamirlerde bu alçak pencereler kapatılmıştır. Limonluk'ta, XVIII. yüzyıldan kalmış, üzeri salkım ve asma yapraklı motiflerle süslü fıskiyeli bir havuz bulunmaktadır.

Yalı, sofalarından başka, alt katta 15, üst katta altı olmak üzere 21 odalıdır. Çeşitli tarihlerde yapılan tamirler esnasında yalının üç büyük hamamı yıkılmıştır.

THE CYPRIOT YALI

The first owner of the yali was İzzet Mehmet Pasha, grand vizier during the reign of Abdülhamit I (1725-1789). He had been made grand vizier after the death of Silahtar Mehmet Pasha, known as the "Black Vizier." For that reason the yali is often referred to as the "Black Vizier Yali."

The building is made of the harem section (for the women) and Selamlık (for men). The sea shore of the yali is 65 meters long. Inside there are three long halls facing both sea and land. They are each 24 meters long. The hall, through which one enters the Selamlık, has a seven-meter-high dome.

The living room on the lower floor facing the castle is 17.5 meters long. There are low windows and a door opening into a winter garden. However, the low windows were closed up during a renovation.

Sofalar aynı büyüklükte değildir. Yan bahçe tarafındaki en büyüğüdür ve orta sofa tipindedir. Deniz ve bahçe üstünde, direklerle ayrılmış iki büyük eyvanı bulunmaktadır. Ortadaki sofa iki yüzlü iç sofa tipindedir ve iki tarafına, direklerin arasına yan sofalar ilave edilmiştir. Bu kısmın üstünde kat mevcut olduğu için merdiven de bu taraftadır. Son Sofa da birincisinin aynısı fakat daha küçüğüdür. Her sofanın dört köşesine odalar konulmuş olup ikinci derecedeki yerler oralara yerleştirilmiştir.

Birinci bölümün ayrıca, büyük havuzlu Limonluk'la nihayetlenen yazlık bir Divanhane'si vardır.

Her üç bölüm, eyri "mail" rıhtım yönünü izleyerek, kendi önündeki kısma nazaran biraz daha geriye alınmış ve bu sebepten, rıhtım üzerindeki hareketli cephe elde edilmiştir. Bu hareket muntazam bir ritme göre yapılmış ve sofa eyvanları her zaman odalardan daha içerde kalmıştır. Cephedeki çıkmaların (rizalitlerin) hareketi ile odalara azami derecede hava ve manzara sağlanmıştır.

Sonuç olarak üç sofada az çok aynı kıymet ve büyüklükte olan, birbirine ekli, üç ev haline gelebilir. bu suretle üç sofalı tip tam şeklini almış olur. Bu şekil XIX. yüzyıl içinde elde edilmiştir.

The winter garden has remained from the 18th century, and there is a sprouting pool ornamented with cluster and leaf motifs.

The long halls are not the same size. The largest is on the side of the garden and resembles the middle one. There are big open-ended, vaulted rooms separated by columns above the sea and garden level. The middle hall is a two-headed inner hall type, and on both sides, separated by a column, side rooms have been added. the upper floor is reached by a circular stairway. The last floor is the same as the first, only smaller. In the four corners of each hall are small rooms. In addition to the first section there is a large summer hall ending at the winter garden with a pool. All three sections face the slanting dock. Each is slightly behind the other, creating a lively appearance all the rooms have beautiful view.

Consequently, the three halls, each about the same in value and size at the time they were made, can become three separate houses. The final design was reached in the 19th century. The largest room of the building with a living room to the north which was added on in the 19th century is 144

Binanın en büyük odası, kuzey ucundaki XIX. yüzyıl da ilave edilen Salon olup, yüzölçümü 144 metrekaredir. Yalı'nın dış planında boşluk kısımları, dolu kısımlarından biraz daha fazladır. Yalı'nın ortalama eni 27 metre; arsası, Kıbrıslı Mustafa Paşa zamanında 40.000 metrekareydi. Plaj için ayrılan 25.000 metrekare arazi dışında bahçesi 12.000 metrekaredir.

İki katlı cephe orta motifi, yapılan tadilat ile orijinal şeklini kaybetmişse de, yine esas armoni içinde uygun bir durumdadır. Kıyı çizgisi eğimini takip ederek gerilemeli düzen içinde plan üç bölümden oluşmaktadır: Selamlık, Mabeyn, Harem. Her birinde odalar bir orta sofa üzerinde planlanmıştır. Sofalar, denizle bahçeyi birleştirmektedir. Planda, dört eyvanlı çizimde görünseler de, kolonlar ve tavanlar ile bölünmüş durumdadır. Tipik Osmanlı yalısı planının aksine, bu kolonlar ve tavanlar yabancı stili yansıtır.

square meters. The empty part of the outside is a little larger than the full part. The average width is 27 meters; the land itself at the time of Mustafa Pasha of Cyprus, was 40,000 square meters. Aside from the 25,000 square meters reserved for the beach area, the garden is 12,000 square meters. The land of the yali extends up to the hills behind it.

Even though the two-storied front isn't the same as original because of repairs, it still retains its true harmony after the renovations.
The three sections along the shoreline are Selamlık, Mabeyn, and Harem.
The rooms of each department open into the middle hall.
The halls connect the sea and the garden. The openings are vaulted, with columns and high ceilings. In contrast to typical Ottoman yali design, these columns and ceilings reflect foreign influence.

KONT OSTROROG YALISI

1894 yılında, Boğaziçi yaşamını hem yalıları hem de kişilikleri renklendiren ailelerden biri de Ostrorog Ailesi idi. Büyük Baba Leon (Stantislas Julien) çarın eski içoğlanı birliğinde eğitildikten sonra, Polonya lejyonuna katılarak 1855-1856 Kırım Savaşı'nda bulundu. Ruslar tarafından sürgüne gönderildiği Polonya yoksullaştıktan sonra, Fransa'ya yerleşmiştir. Oğlu Leon Valerien (Kont) 1867 yılında Varşova'da doğmuş, öğrenimini Paris'te yapmıştır. Birkaç lisan arasında Türkçeyi de bilen kont, gençliğinde Paris'te Edebiyatçılar Derneği'nin başkanlığını yapmıştı.

COUNT OSTROROG'S YALI

In 1894 members of the Ostrorog family and their yali brought style and colour along the Bosphorus. Grandfather Leon (Stantislas Julien) had been trained for service at the Imperial Russian court and joined the Polish Legion during the 1855-1856 Crimean War. In Poland, he fell into poverty, and was exiled to France by the Russians. His son Leon

1894 yılında Kont Ostrorog Düyun-u Umumiye Fransa danışmanı olarak atanmıştır.

Kont, İstanbul'un Asya yakasında bulunan Kandilli semtinde, 1900'lü yılların başında bir yalı alarak görkemli yaşamına başlamıştır. XX. yüzyılın başında Ostrorog Yalısı, Avrupalı elitlerin, İstanbul aydınlarıyla buluştukları ve görüş alışverişinde bulundukları bir mekân olmuş ve Yalı'yı Ostrorog Ailesi kullanmaya devam etmiştir. Yalı'yı ziyaret edenler arasında ünlü oryantalist Pierre Loti ile oğlu Samuel, ünlü Fransız yazar Claude Farrere, Fransa cumhurbaşkanlarından Georges Pompidou, Danimarka Kraliçesi ve eşi Prens Henrik, Dürrüşehvar Sultan ve Türkiye Cumhuriyeti başbakanlarından Adnan Menderes gibi ünlü kişiler vardır. Ostrorog yalısı 1972 yılında yanmış, betondan ve karkas olarak 1988-1990 yılları

arasında yeniden inşa edilmiştir. Kont Leon Valerian'nın oğlu Jean Ostrorog'a miras kalan yalı 19 Aralık 1975'te Jean'ın ölümüyle ikinci eşi İşka Ostrorog'a kalmıştır.

Yalı denizden bakıldığında, yan yana birleştirilmiş iki yalı gibi gözükmektedir. İç yapısı da ortadaki sofa ve teşkilâtla bu etkiyi doğrulamaktadır. Güney, orta ve kuzey bölümler değişik çizgilerde olmasına rağmen Yalı bütünlük içermektedir. Yalı hem dıştan, hem içten etkili ve hareketlidir. Altında Kayıkhane Girişi, bahçede 200 seneyi aşkın bir süredir varlığını sürdüren mermer sütun Fıskiye ve Barok, mermer Sebil bulunmaktadır. Ayrıca orta büyüklükte mermer bir sütun başlığı bu tonozun önünde durmaktadır. Bina deniz kenarında, yan taraflarında bahçesi ve asırlık muhteşem fıstık çamı ile günümüze kadar iyi korunmuş ahşaptır. Alt katta mermer döşeli bir avlu ve buna açılan dört oda bulunmaktadır. Yukarı kat odalarında ise o döneme ait nişler mevcuttur. Binanın orijinal şekliyle muhafaza edilerek yapıldığı devrin bütün özelliklerini korumuştur.

Yalı, XIX. yüzyıl başlarında yapılmış olan ve içindeki kıymetli eşya ve koleksiyonlarla Boğaziçi'nin eski yaşantısını sürdürebilen ender yalılardandır. 2000 yılında Rahmi M. Koç tarafından satın alınan Ostrorog Yalısı üç yıllık kapsamlı bir restorasyondan sonra, Koç'un ikametgâhı oldu. Yalı'nın içindeki nadide antika ve eşyaların yanı sıra toprak altı eserlerinden oluşan değerli bir koleksiyon da bahçede sergilenmektedir.

Valerien (Count) was born in Warsaw in 1867. He studied in Paris, spoke several languages, including Turkish, and was the president of the Paris Literary Society in his youth. In 1894 he was appointed as French Consultant at the economic department of the Ottoman court.

The Count bought a yali in Kandilli on the Asian shore of İstanbul and began his life of splendor. The yali became a meeting place for the elite of European and İstanbul's intellectuals. Among those who visited the yali were the famous Orientalist Pierre Loti and his son Samuel, the famous French writer Claude Farrere, Georges Pompidou the French president, the Queen of Denmark and her husband Henrik on their honeymoon, and Turkish Prime Minister Adnan Menderes.

The yali burned down in 1972 and was rebuilt with concrete and a concrete skeleton in 1988-1990. Jean Ostrorog, who was the son of count Ostrorog inherited the yali died on August 19, 1975 and its ownership passed to his second wife Iska Ostrorog.

Seen from the sea, the yali appears to be two buildings connected. The wide hall in the center and the floor plan confirm this appearance. Although the south, middle, and north sections have different lines, the yali as a whole is harmonious. Both the exterior and the interior is lively and attractive. The entrance to the boat house is below. There is a water sprouting column (200 years old) and a baroque marble water kiosk in the garden as well as a midsized capital in front of the arch. The well-preserved wooden building on the seashore with gardens has a magnificent centuries-old pine tree to the side. There is a marble-coated courtyard on the lower floor with four rooms opening off. The rooms in the upper floors have niches that reflect the style of its original construction. The building, with its valuable furnishings and rich collections is one of the rarest examples of its kind which maintained the original condition, and reflects the unique qualities of 19th century lifestyle along the Bosphorus shores.

Rahmi M. Koç bought the yali in the year 2000 and had extensive restoration done for three years. At present the yali is his primary residence. Beside valuable antiques and furnishings, there is a priceless collection of pre- historical objects in the garden.

ÇÜRÜKSULU YALISI

Üsküdar'ın Salacak Semtinde göze çarpan mimari yapılardan biri olan Çürüksulu Yalısı, bölgenin yerlileri tarafından "Belkıs Hanım Yalısı" adıyla da anılmaktadır. 1790'lı yıllarda inşa edilen yalı,1810'da bir yangın ve deprem sonucu yerle bir olunca yenilenmiştir. Yalı'nın ilk sahibi, boynuz ve toynak ticareti yapan Tırnakçızade isimli bir tüccardır. 1890'da Çürüksulu Mehmet Paşa tarafından satın alınan Yalı, önemli değişikliklere uğramıştır. Ağaçlar ve bitkiler Paşa'nın memleketi Gürcistan'dan ve Kafkasya'dan getirilmiştir.

Salacak Tepesi'nde dünyanın en güzel manzaralarını gören aşı boyalı yalının en ünlü sakini, Çürüksulu Mehmet Paşa'nın kızı Belkıs Hanım'dır.

Renkli yaşantısı ve güzelliği ile tanınan Belkıs Hanım 1960'lı yıllarda Prenses Bibesco, Kontes de Noailles gibi aristokrat arkadaşlarını yalıda misafir etmiştir. Zamanla yalıyla ilgilenemeyen Belkıs Hanım, 1968'de Yalıy'ı arkadaşı Diplomat Muharrem Nuri Birgi'ye satmıştır.

Ülkemizin yetiştirdiği önemli diplomatlardan olan Muharrem Nuri Birgi için yalı bir tür hobi haline gelmiştir. Restorasyonu yapabilmek için büyük miktarda para ve zaman harcamıştır. Mimar Turgut Cansever'in de yardımıyla yalı yeniden onarılarak dekore edilmiştir.

Cansever'in tavsiyesiyle Çürüksulu Mehmet Paşa'nın sonradan binaya eklediği unsurlar yok edilmiştir. Koridordaki gözetleme yeri, şömine, kapı tokmakları, pencerelerdeki dekoratif köşeler ve ahşap balkon kaldırılıp yalı orijinal haline getirilmiştir.

1972'de Büyükelçilikten emekli olan Muharrem Nuri Bey, yurt dışında topladığı koleksiyonları yalıya yerleştirerek ölümüne kadar birçok yabancı konuk ağırlamıştır. Birgi, 30 Eylül 1986'da öldüğünde, Yalı işadamı Selahattin Beyazıt'a geçmiştir. Beyazıt Ailesi Yalı'yı olduğu gibi korumaktadır.

Ünlü sahipleri bulunan yalı, çeşitli dönemlerde yerli ve yabancı konuklar tarafından hayranlıkla ziyaret edilmiştir. Özellikle yemek salonu balkonundan Sarayburnu yönünde, İstanbul siluetini gün batımında izlemek eşsiz bir görünümdür.

THE ÇÜRÜKSULU YALI

One of the most striking architectural works of Salacak is the Curuksulu Yali, known by the locals as Belkis Hanim's Yali. The yali was built in the 1790's and rebuilt in 1810 after an earthquake and fire had destroyed it. The yali's first owner was a merchant dealing in hooves and horns named Tirnakcizade. In 1890 the yali was bought by Curuksulu Mehmet Pasha and underwent important renovations. Trees and shrubs were brought from the Pasha's homeland of Georgia and the Caucasus.

The yali, painted in red ocher, stands on a hill in Salacak of the town of Uskudar, commanding the world's most beautiful view. It is presently unoccupied. The most famous resident of the yali was Curuksulu Mehmet Pasha's daughter, Belkis Hanim.

Belkis Hanim, who was famous for her beauty and colorful life style entertained friends such as Princess Bibesco and Countess of Noailles, in the 1960's. She sold the property to her diplomat friend, Muharrem Nuri Birgi in 1967.

Ambassador Nuri Birgi, one of Turkey's most important diplomats, made the yali a hobby of sorts. He spent much time and money on its restoration. With the help of the architect Turgut Cansever, the yali was repaired and redecorated.

On Cansever's advice, the elements which Curuksulu Mehmet Pasha had added were taken away. Gone were the door knockers, the fireplace, the observation spot along the corridor, the decorative corners of the windows, and the wooden balcony. The yali was returned to its original state.

In 1972 after his retirement ambassador Birgi brought his priceless collections of art which he had accumulated at posts around the world. After his death on September 30, 1986, the ownership of the yali passed to Selahattin Beyazit. The Beyazit family preserves the yali in the same condition of Muharrem Nuri Bey.

The Yali has been visited by numerous personalities both domestic and foreign. It is a rare experience to watch the sunset over the famous Istanbul siluet at Sarayburnu from the balcony of the dining room.

HİDİV KASRI

Hıdiv Kasrı, Çubuklu sırtlarında, geniş bir koruluk içerisinde yer almaktadır. Mısır Hıdivi Abbas Hilmi Paşa tarafından 1907 yılında İtalyan Mimar Delto Seminati'ye yaptırılmıştır.

Türk mimarisinin dışında tam bir Batılı tarza sahip olan yapı, yaklaşık 1.000 metrekarelik bir alan üzerinde inşa edilmiştir. Ana girişin ortasında mermerden anıtsal bir çeşme vardır. Tavanı çatıya varıncaya kadar yükselir ve tavanı vitrayla kaplıdır. Ayrıca binanın çeşitli yerlerinde de son derece zarif çeşme ve havuzlar bulunmaktadır. Binanın planı, salonlar arasındaki bağlantılar aracılığıyla havuzun etrafında bir daire çizmektedir. Bu daire sadece Giriş Holü tarafından kesilmektedir. Binanın üst katında ise odalar bulunmaktadır. Özellikle Giriş Katı'ndaki Şömineli Salon'un üstündeki daire biçimindeki parçada yer alan iki büyük yatak odası eşsiz güzellikteki lambrileri, kendi iç tuvalet ve banyoları ile dikkat çekmektedir. Binanın bir diğer özelliği ise Boğaziçi'nin yarısının seyredilebildiği Kule'sidir. Hem asansör, hem de merdivenle çıkılabilen bu Kule'nin, balkonlu bir orta katı ve üstü açık bir terası mevcuttur. Kule, yapıya ayrı bir özellik ve güzellik katmaktadır. Kasır, Hidiv'in 1930'lu yıllarda İstanbul'u terk etmesinden sonra İstanbul Belediyesi'nce satın alınmış; fakat 1937-1982 yılları arasında pek kullanılmamıştır. 1982 yılında Türkiye Turing ve Otomobil Kurumu tarafından restorasyon başlatılmış, iki yıl süren çalışmalardan sonra 1984 yılında restoran ve kafe olarak hizmete girmiştir.

THE SUMMER PALACE OF THE KHEDIVE

This Palace is located on the hills of Cubuklu within spacious woodland. The Egyptian khedive Abbas Hilmi Pasha had it built in 1907 by an Italian architect, Delto Seminati.

The palace was built in western style, on 1000 meters square land. In the center of the main entrance is a monumental marble fountain. The ceiling of the fountain rises to the roof and is inlaid with stained glass. In various places of the building there are graceful fountains and pools. The plan of the building is circular around the pool, with the rooms connected to each other. This circle is only broken by an entrance hall. The bedrooms are on the upper floors. The bedrooms, particularly the one above the living room with a fireplace, have very beautiful paneling and private bathrooms. Another special quality is the tower from which half of the Bosphorus can be seen. The tower can be reached by an elevator as well as a stairway; it has a balcony on the middle floor and an open terrace at the top. The tower adds a special beauty. When the Khedive left İstanbul in the 1930's, the building was bought by the Municipality of İstanbul. However, from 1937-1982 it was used very little. In 1982 The Touring and Automobile Foundation began its restoration, and in 1984 it was opened as a restaurant and café.

KÜÇÜKSU KASRI

Osmanlılar döneminde ilgi çeken ve "Kandil Bahçesi" adıyla padişahın has bahçelerinden biri olarak kullanılan Küçüksu ve çevresini IV. Murat'ın (1623-1640) çok sevdiği ve buraya "Gümüş Selvi" adını verdiği bilinmektedir. XVII. yüzyıldan başlayarak çeşitli kaynaklarda "Bahçe-i Göksu" adıyla geçen yörede, özellikle XVIII. yüzyıldan itibaren yoğun bir yapılaşma izlenmektedir. Sultan I. Mahmut döneminde (1730-1754) Divittar Mehmet Paşa, padişah için bu Hasbahçe'nin deniz kıyısına iki katlı ahşap bir saray yaptırmış, bu yapı III. Selim (1789-1807) ve II. Mahmut (1808-1839) dönemlerinde de onarılarak kullanılmıştır.

1857 yılında hizmete giren Yeni Küçüksu Kasrı'nın mimarı Nikogos Balyan'dır. Bodrumuyla birlikte üç katlı olan kasır, yığma tekniğiyle ve kâgir olarak yapılmıştır. Bodrum katı; kiler, mutfak ve hizmetçilere ayrılmış; diğer katlarsa bir orta mekâna açılan dört oda biçiminde düzenlenmiştir. Bu özelliğiyle geleneksel Türk evi plan tipini yansıtan yapı, genellikle dinlenme ve av amaçlı olarak kullanılan bir "biniş kasrı" niteliğindedir. Devlete ait diğer saray yapılarının tersine, yüksek duvarlarla değil, dört yönde kapısı olan ve döküm tekniğiyle yapılmış zarif demir parmaklıklarla çevrilidir. Abdülaziz döneminde (1861-1876) cephe süslemeleri elden geçirilen yapı, zaman zaman çeşitli onarımlar görerek günümüze ulaşmış; ancak bu arada eski saraydan kalan ve çeşitli işlevlerdeki ek yapılarını yitirmiştir.

Kabartmalarla süslü ve hareketli deniz cephesinde, bu cepheye yaslanmış şadırvanlı küçük havuzunda, merdivenlerinde çeşitli Batılı süsleme motifleri kullanılmıştır. Oda ve salonlar değerli sanat eserleriyle döşenmiş, bu iş için Viyana Operası dekoratörü "Sechan" görevlendirilmiştir. Alçı kabartma ve kalem işi süslemeli tavanları, bir şömine müzesini andıran birbirinden farklı renk ve biçimde değerli İtalyan mermerleriyle yapılmış şömineleri, her bir odada ayrı süslemeli ve ince işçilikli parkeleri, çeşitli Avrupa üsluplarındaki mobilyaları, halı ve tablolarıyla Küçüksu Kasrı eşsiz bir sanat müzesi niteliğindedir.

Cumhuriyet döneminde de bir süre devlet konuk evi olarak kullanılmış ve günümüzde bir müze-saray işlevi kazanmıştır.

KÜÇÜKSU SUMMER PALACE (PLEASURE PALACE)

Called the "Garden of Lamps" in Ottoman times, the royal garden at Küçüksu was much loved by Murat IV (1623–1640), who called it the "Silver Cypress." Beginning in the 17th century, particularly in the beginning of the 18th century, there was a great deal of construction here. During the reign of Mahmut I (1730–1754) Divittar Mehmet Pasha had a two-story wooden palace built on the shore of the royal garden. It was repaired and used during the reigns of Selim III (1789–1807) and Mehmet II (1808-1839).

The New Küçüksu Summer Palace, a three-story, stacked palace built by the architect Nikogos Balyan, was opened in 1857. The bottom floor contained the pantry, the kitchen, and the servants' quarters. The other two floors had an open area with four rooms opening into it, a traditional Turkish house plan. The palace was used for relaxation after riding and hunting. Unlike other State palaces, it was not surrounded by high walls, but with a delicate cast iron railed fence, with gates in all four directions. In the time of Abdülaziz the edifice was ornamented. The building has endured until today with periodical repairs, though the old palace and several additions have been torn down.

The side of the palace facing the sea is embossed and lively. There is a small pool with a leaning fountain and the stairs are decorated with various western motifs. The rooms and reception areas are richly ornamented by the decorator of the Vienna Opera, "Sechan." The ceilings are decorated with plaster relief work and chiseling. The fireplaces are made of precious Italian marble, each of a different color and shape. Every room has its own uniquely decorative parquet. The European furniture, the rugs, and paintings make the Küçüksu Palace a peerless art museum.

After the Republic was established, the palace was used as a State guest house. Today it serves as a palace/museum.

Bölüm 10 / Chapter 10

Müzeler / Museums

Devlet Müzeleri / State Museums

TOPKAPI SARAYI MÜZESİ

Osmanlı İmparatorluğu'nun başkenti İstanbul'da, yönetim merkezi ve hanedanlık ikametgâhı olarak kullanılan Topkapı Sarayı, Fatih Sultan Mehmet'in İstanbul'u fethetmesinden kısa bir süre sonra 1473 yılında tamamlanmıştır. Osmanlı hanedanı, Topkapı Sarayı'nı XIX. yüzyılda Boğaziçi saraylarına yerleşene kadar kullanmıştır. Saray, Cumhuriyet'in ilanından sonra 3 Nisan 1924'te Atatürk'ün emriyle müze haline getirilmiştir.

Çeşitli dönemlerde, değişik sultanların emirleriyle yapılan ek yapılar ve yenilenmelerle görkemli bir boyut ve işlev kazanan Saray, bu görünümüyle Osmanlı devlet kurumlaşmasının bir yansıması olmuştur. Osmanlı saray protokol ve hiyerarşisinin zamanla kazandığı görkem ve çok ünitelilik Topkapı Sarayı mimarisine de yansımış, hatta devletin yükselişi ve çöküşü, sanatsal anlatımını bu sarayda bulmuştur.

Saray, müze işlevini kazandıktan sonra, Divan-ı Humayun, erken İslam döneminden XX. yüzyıl başlarına kadar olan döneme ait silahların sergilenmesine ayrılmıştır. Burada İslam-Türk ve Orta Doğu'ya özgü silahlar da bulunmaktadır. Kubbealtı, Haliç yönünde, gizemli Harem Dairesi'nin küçük ve silik "Arabalar Kapısı" ile ayrılmaktadır. Divan Meydanı'nı da Haliç yönünde Hasbahçe'ye, sultanların saraydan çıkışlarında kullandıkları Hasahır sistemine bağlamaktadır. Kendine ait daha alçaktaki bir avluda yer alarak

THE TOPKAPI PALACE MUSEUM

Topkapı Palace was both an administrative palace and the royal residence. It was completed by Mehmet the Conqueror in 1473, shortly after his conquest of İstanbul. It was used by the Ottoman dynasty until the 19th century when they moved to palaces along the Bosphorus. After the Republic was declared, Atatürk established a decree on April 3, 1924 stated that the palace become a museum.

In different eras, under various sultans, with additions and restorations, the palace became a magnificent place, in shape, size, and function. It became a reflection of the Ottoman State itself. The architecture also reflects the unity of protocol and hierarchy of the Ottoman period. The rise and fall of the Empire is artistically related in the palace.

Once the palace became a museum, Divan-ı Hümayun section was reserved for an exhibition of weapons from the Early Islamic Era to the beginning of the 20th century. Facing the Golden Horn, the room where the Grand Vizier met with the Council of State is connected to the secluded Harem apartments through a small, barely perceptible door, the "Carriage Gate." The Council of State is connected to the Royal Stable from which the sultan would leave the palace, through the royal garden on the Golden Horn side. The Royal Stable was one of the first buildings to be built. It is in a separate lower courtyard, on the border of the palace grounds. Only a few of the sultan's favorite horses were kept here. In palace life this area was supervised by an "İmrahor." The "harness treasury" in it was a real treasury of horse racing equipment. This equipment was used particularly in parades and

Saray'ı sınırlayan Hasahırların Saray'ın ilk yapılarından biri olduğu bilinir. Sultanların az sayıdaki seçme atını barındırmış olan bu ahır, Saray yaşantısında "imrahor" denilen bir yöneticinin sorumluluğunda, başlı başına bir at koşum takımı hazinesi olan "raht hazinesi"ni de içerirdi. Özellikle resmi alaylara ve yabancı ülkelere gönderilen hediyeler arasında görülen bu hazinenin koşum takımlarının murassa olmasına dikkat edilirdi

Saray'da mevcudu 12.000'i geçen Çin ve Japon porselenlerinin 2.500 kadarı Saray Mutfağı'nda sergilenmektedir. Bu bölümün mutfak olarak kullanıldığı zamanlarda sayıları bini geçen aşçı ve yardımcılar, Saray'ın değişik bölümlerine tahsis edilmiş yemekleri pişirip, gönderirlerdi. Günümüzdeki porselen teşhiri, kronolojik ve modern bir sergidir. Dünyanın en zengin koleksiyonunun seçilmiş parçalarıdır. Mutfakların bir bölümü eskisi gibi muhafaza edilmiş, diğer bölümünde de İstanbul işi porselen eşya ve cam işi teşhire sunulmuştur. Ayrı bir bölümde gümüş eşya ve Avrupa porselenleri koleksiyonu yer alır. Eşsiz Çin seledonları girişte bulunan sağ salondadır. Mavi-beyazlar, tek ve çok renkli porselen teşhirleri, Japon Porselen Salonu ile nihayetlenir. Helvahane bölümünde günlük yaşamda kullanılan madeni kap kacak, kahve takımları ve tombaklar sergilenmektedir.

XVI.- XIX. yüzyıldan kalma çok değerli duvar, masa ve cep saatleri Saray'a hediye edilmiştir. Salonun (Hünkâr Sofası) en büyük saati 3.5 metre boyunda ve 1 metre eninde İngiliz malı olup içinde bir org vardır. Cep saatleri arasında Sultan Abdülmecit ve Abdülaziz'in portreli saatleri enteresandır. Kubbeden aşağıya sarkan kuş kafesinin altı enteresan, mineli bir saattir.

Emanetlerin sergilenmesinden önce, bu bölüm taht odası olarak kullanılmıştı. Kubbeli odaların duvarları çinilerle kaplıdır Hz. Muhammed'in kılıçları, yayı ve değerli bir kutu içerisinde muhafaza edilen hırkası, koleksiyonun önemli parçalarıdır. Odadaki büyük, süslü işlemeli, kubbeli kafes gümüşten mamuldür. Diğer oda vitrinlerinde Peygamberin mührü, sakal kılları, mektup ve ayak izleri sergilenmektedir. İlk el yazma Kuranlardan birisi, Kâbe'nin anahtarları, önemli kişilerin kılıçları diğer eserlerdir.

Büyük Salon'da zaman zaman değiştirilen sergiler yer alır. Topkapı Sarayı Müzesi'nde zengin belgeler, kitaplar, minyatürler, yazı takımları gibi kıymetli eserler bulunmaktadır. Bu nadide parçalar buradaki salonda zaman içerisinde sergilenir. Salon'un balkon şeklindeki galeri duvarlarında sultanların yağlı boya tabloları bulunmaktadır. Aynı zamanda Hz. Ali'nin çift başlı kılıcı da bulunmaktadır.

Sarayın tek ahşap pavyonu olan Fatih Köşkü'nün (iç hazine) yanısıra XVII. yüzyıl zengin işlemeli ve çinilerle süslü Bağdat ve Revan köşkü ve nihayet saraya eklenen en son yapı olan Mecidiye Köşkü, Topkapı'nın birer mücevheridir. Köşkün alt katı ziyaretçilere ayrılmış lokantadır. Bağdat Köşkü'nün önündeki teras Haliç, Galata ve eski İstanbul'un kubbeler ve minarelerden oluşan eşsiz manzarasının birlikte seyredilebileceği en uygun yerdir. Saray bahçeleri, halka tahsis edilmiş büyük bir şehir parkıdır.

as gifts to be sent to rules of countries.

Of the palace's more than 12,000 pieces of Chinese and Japanese porcelain, 2500 are displayed in the kitchen. In this section more than 1000 cooks and assistants prepared food and sent it off to various sections of the palace. The display of porcelain, which selected pieces of the world's richest collection, is arranged chronologically. One part of the kitchen has been preserved as it was in the past; the other part displays porcelain and glass items made in İstanbul. A separate section holds silver pieces and a collection of European porcelain. The incomparable Chinese celadon pieces are in the salon to the right at the entrance. The display includes blue and white pieces, monochrome and polychrome pieces, ending in the Japanese porcelain. In the "helvahane" section copper pots and pans, coffee making utensils and tombac used in daily life are displayed.

Very valuable wall and table clocks and pocket watches date from the 16th-19th centuries. Clocks from many different makers were given as presents to the palace. The largest among them is the English clock with an organ inside, which is 3.5 meters high and one meter wide. Among the interesting pocket watches are those containing the portraits of Sultans Abdülmecit and Abdülaziz. The bottom of the birdcage which hangs from the dome is an enameled clock.

The room once used as the Throne Room with a domed roof and tiled walls contains the sword of the Prophet Mohammed as well as his bow and, preserved in a valuable box, his mantle. This room has a large decorative, domed silver cage. In the other cabinets in this room the Prophet's seal, hair from his beard, an autographed letter and his footprints are displayed. One of the first handwritten Korans, the keys to the Kaaba, and the swords of some important people are also exhibited here.

In the large hall exhibitions are changed periodically, including the rich variety of documents, books, miniatures, writing sets, and other valuable items. Portraits of the sultans are displayed. The double-headed sword of Holy Ali is also in this section. There are several kiosks in the Topkapı Palace which are like the jewel boxes. Fatih Kiosk, (The Treasury) the only wooden pavilion of the palace, the 17th century richly decorated Baghdad and Revan Kiosks, and the Mecidiye Kiosk. The Lower floor of the Mecidiye Kiosk leading to a terrace is used as a restaurant. The terrace of the Baghdad Kiosk is the best place to view the incomparable beauty of the Golden Horn, the domes and minarets of Old İstanbul. The gently sloping palace gardens are open to public as a large city park.

ARKEOLOJİ MÜZESİ

T.C Kültür Bakanlığı, Anıtlar ve Müzeler Genel Müdürlüğü'ne bağlı olan İstanbul Arkeoloji Müzeleri Müdürlüğü, Sultanahmet semtindeki Gülhane Parkı girişinin sağından Topkapı Sarayı Müzesi'ne çıkan Osman Hamdi Bey Yokuşu üzerindedir. İstanbul Arkeoloji Müzeleri; Arkeoloji Müzesi, Eski Şark Eserleri Müzesi ve Çinili Köşk Müzesi olmak üzere üç müzeden oluşmaktadır.

XIX. yüzyıl sonlarında ünlü ressam ve müzeci Osman Hamdi Bey tarafından Müze-i Hümayun (İmparatorluk Müzesi) olarak kurulan İstanbul Arkeoloji Müzeleri, 13 Haziran 1891'de ziyarete açılmıştır. "İlk Türk Müzesi" olarak taşıdığı önemin yanı sıra dünyada müze olarak inşa edilmiş az sayıdaki müze binası

ARCHEOLOGICAL MUSEUM

The Archeological Museum, under the jurisdiction of the Directorship of the Turkish Ministry of Culture, for Monuments, and Museums, is in the district of Sultanahmet, to the right of the entrance of Gülhane Park on Osman Hamdi Bey Yokuşu, which leads to Topkapı Palace. The İstanbul Archeological Museum is made up of three museums--the Archeological Museum, the Museum of the Ancient Orient, and the Tiled Kiosk Museum.

The famous painter and museum curator, Osman Hamdi Bey, inaugurated the İstanbul Archeological Museum on June 13, 1891. As well as being the first Turkish Museum, it also became one of the world's most important museums. Today with more than one million works, it maintains its

arasında yer almasıyla da büyük önem ve ayrıcalığa sahiptir. Çeşitli kültürlere ait bir milyonu aşkın eseriyle bugün de dünyanın en büyük müzeleri arasındaki seçkin yerini korumaktadır.

Müze koleksiyonları Balkanlar'dan Afrika'ya, Anadolu ve Mezopotamya'dan Arap Yarımadası'na ve Afganistan'a kadar Osmanlı İmparatorluğu sınırları içinde yer alan bölgelerden değişik uygarlıklara ait zengin ve çok önemli eserleri barındırmaktadır. Arkeoloji Müzesi iki ayrı binadan oluşmaktadır;

I. Ana Bina (Eski Bina)

Osman Hamdi Bey tarafından 1891 yılında yapımına başlanmış, 1902 ve 1908 yıllarındaki ilavelerle bugünkü durumuna gelmiştir. Mimarı Alexadre Vallaury'dir. Binanın dış cephesi İskender Lahti ve Ağlayan Kadınlar lahitlerinden esinlenerek yapılmıştır. İstanbul'daki

special position as one of the largest of its kind in the world.

The museum's collection includes valuable and significant works of art from different civilizations which were within the Ottoman Empire's domain--from the Balkans to Africa, from Anatolia and Mesopotamia to the Arabian Peninsula and Afghanistan.

The Archeological Museum consists of two separate buildings:

1) The main building (old building)

The constructions of this building began in 1891 by Osman Hamdi Bey; Additions were made in 1902 and 1908. The architect was Alexadre Vallanry. The front of the building was inspired by the sarcophagus of Alexander and of the Weeping Women. It is a good example of neo-classical style İstanbul construction. On the upper floor of the two-

neo klasik yapıların güzel bir örneğidir.

İki katlı binanın üst katında küçük boyutlu taş eserler, çanak çömlekler, pişmiş toprak heykelcikler, Hazine Bölümü ve yaklaşık 800.000 sikke, mühür, nişan, madalya ve sikke kalıplarının bulunduğu yabancı ve İslami Sikke Kabineleri ile 70.000 civarında kitap bulunan bir kütüphane yer almaktadır.

Binanın alt kat salonlarında; İskender, Ağlayan Kadınlar, Satrap, Lykia, Tabni gibi Sayda kral mezarlarında bulunan ünlü lahitler sergilenmektedir.

Lahitlerin yanı sıra, önemli antik kent ve bölgelerden gelen heykel ve kabartmaların yer aldığı Antik Çağ heykelciliği sergisi ise alt katta bulunmaktadır. Burada Arkaik dönemden Bizans dönemine kadar olan heykel sanatının gelişimi, kronolojik sıralama içinde en seçkin örneklerle görülebilir.

2. Ek Bina (Yeni Bina)

Ana Bina'nın güneydoğu bitişiğinde yer alan Ek Bina altı katlıdır. Zemin altındaki iki katta depolar yer almaktadır.

Binanın dört katı ise sergileme salonu olarak düzenlenmiştir. Binanın 1. katında "Çağlar Boyu İstanbul", 2. katında "Çağlar Boyu Anadolu ve Troia" ile en üst katta "Anadolu'nun Çevre Kültürleri"; Kıbrıs, Suriye–Filistin sergi salonları bulunmaktadır. Ek Bina'nın giriş katında ise Çocuk Müzesi ile mimari eserler yer almaktadır. Ağustos 1998'de ziyarete açılan Thrakia-Bithynia ve Bizans Sergi Salonu "İstanbul'un Çevre Kültürleri" adı altında, giriş katının hemen altındaki katta gezilebilmektedir.

Müze, 100. kuruluş yıldönümü olan 1991 yılında, alt kat salonlarında yapılan yeni düzenleme ve Ek Bina, Avrupa Konseyi Müze Ödülü'nü almıştır.

Eski Şark Eserleri Müzesi

1883 yılında Osman Hamdi Bey tarafından Sanayi-i Nefise (Güzel Sanatlar Okulu) olarak yaptırılan bina, 1917–1919 ve 1932–1935 yılları arasında yapılan çalışmalarla müze olarak düzenlenmiştir. 1963 yılında ziyarete kapatılmış olan bina, 1974 yılında iç mekânları değiştirilip yenilenerek tekrar ziyarete açılmıştır.

İki katlı binanın üst katında Anadolu, Mezopotamya, Mısır ve Arap eserleri sergilenmektedir. Akad Kralı Naramsin'in steli, Kadeş Antlaşması ve Zincirli Heykeli Müze'nin eşsiz eserleri arasında yer almaktadır. Bu Müze'de ayrıca 75.000 çivi yazılı belgenin korunduğu "Tablet Arşivi" bulunmaktadır.

Çinili Köşk Müzesi

Fatih Sultan Mehmet tarafından 1472 yılında yaptırılan köşk İstanbul'daki en eski Osmanlı sivil mimarlık örneklerinden birisidir. l875–1891 yılları arasında Müze-i Hümayun (İmparatorluk Müzesi) olarak kullanılmıştır. l953 yılında, Türk ve İslam eserlerinin sergilendiği mekân, Fatih Müzesi adı altında ziyarete açılmış, 1981 yılında konumu nedeniyle İstanbul Arkeoloji Müzeleri'ne devredilmiştir.

Köşk'ün giriş cephesi tek, arka tarafı ise iki katlıdır. Girişte 14 sütunlu mermer bir revak vardır. Giriş eyvanı mozaik çinilerle süslüdür. altı oda ve bir orta salondan oluşan Köşk'te Selçuklu ve Osmanlı dönemlerine ait çeşitli çini ve seramikler sergilenmektedir. Müze ve depolarında yaklaşık 2.000 eser bulunmaktadır.

storied building are small stone works, earthenware pots, and clay statues. In the treasury section there are approximately 800,000 coins, seals, medallions and coin molds in the Islamic and non-Islamic Coin Cabinet. There are around 70,000 books in the library.

The rooms on the lower floor contain the sarcophagus of Alexander, of the Weeping Women, of Lykia, and of Tabnit, as well as other famous sarcophagi found in the cemeteries of Saida near Beirut. In addition to the sarcophagi, on this floor there are statues and bas-reliefs from important ancient cities and areas exhibited in the Archaic Era section. In this exhibition the best examples of sculpture from archaic times up to the Byzantine era are arranged in chronological order.

2) The second building (the new building)

The new building, located to the southeast of the main building, has six floors. Two of them are underground and are used for storage. The other four floors are arranged as exhibition rooms. On the first floor is "İstanbul through the Ages." The second floor is "ancient Anatolia and Troy through the Ages," and on the top floor is "The Cultures of the Lands Surrounding Anatolia--Cyprus, Syria, and Palestine." On the ground floor is a children's museum and a display of architectural works. An exhibition of "Cultures Surrounding İstanbul: Thrace, Bithynia, and Byzantium" is on the floor right under the entrance floor.

In 1991 on the occasion of the 100th anniversary of the founding of the museum, it received the museum award of the European Council for the reorganization of the lower floor and exhibitions of the new building.

MUSEUM OF THE ANCIENT ORIENT

The building, constructed in 1883 as The Fine Arts Academy, was converted into a museum by work done in 1917-1919 and 1932-1935. It was opened to visitors in 1963 and reopened in 1974 after changes some interior. It is a two-storied building. On the top floor works of art from Anatolia, Mesopotamia, Egypt, and Arabia are exhibited. These include the stele (stone or wooden slab) of the Babylonian King Nebuchadnezzar II, the Kades Agreement, and unique works from the Zincirli Museum of Sculpture. Also in the museum are 75,000 documents in cuneiform writing, the "Tablet Archives."

THE TILED KIOSK MUSEUM

The kiosk was built in 1472 by Mehmet the conqueror and is one of the oldest examples of Ottoman civilian architecture. It was used as the Imperial Museum during the years 1875-91. In 1953 it was inaugurated as the Fatih Museum, exhibiting Turkish and Islamic works of art. In 1981 it was turned over to the Istanbul Archeological Museum because of its location.

The front part of the building is a single floor, the back part two floors. There is a marble arcade with 14 columns at the entrance. The entrance iwan is decorated with mosaic tiles. The six rooms and the middle salon of the kiosk display various tiles and ceramics from the Selçuk and Ottoman periods. There are 2000 works in the museum and its storeroom.

TÜRK VE İSLAM ESERLERİ MÜZESİ

Müze, Türk ve İslam sanatı eserlerini topluca kapsayan ilk Türk müzesidir. XIX. yüzyılın sonunda başlayan kuruluş çalışmaları, 1913 yılında tamamlanmış ve müze, Mimar Sinan'ın en önemli yapılarından biri olan Süleymaniye Camii Külliyesi içinde yer alan İmaret Binası'nda 1914'Te "Evkaf-ı İslAmiye Müzesi" (İslAm Vakıfları Müzesi) adı ile ziyarete açılmıştır. Cumhuriyet'in ilanından sonra ise "Türk ve İslâm Eserleri Müzesi" adını almıştır.

Türk-İslam Eseleri Müzesi, Süleymaniye imaret binasından 1983 yılında, bugün içinde bulunduğu İbrahim Paşa Sarayı'na taşınmıştır. 16. yüzyıl Osmanlı mimari örneklerinin en önemlilerinden olan İbrahim Paşa Sarayı, Roma dönemine uzanan tarihî

THE MUSEUM OF TURKISH AND ISLAMIC ARTS

This museum was the first Turkish museum to collect Turkish and Islamic works of art. The preparation began in the late 19th century and was completed in 1913. In 1914 the museum was open to visitors under the name of "The Islamic Foundation Museum." It was located in the former soup kitchen of the Süleymaniye Mosque complex, one of Mimar Sinan's most impressive works. After the Republic was declared, the name was changed to "The Turkish and Islamic Arts Museum."

hipodromun kademeleri üzerinde yükselir. Kesin yapılış tarihi bilinmeyen bu bina, 1520'de Kanuni Sultan Süleyman tarafından kendisine 13 yıl sadrazamlık yapacak olan İbrahim Paşa'ya hediye edilmiştir.

Topkapı Sarayı'ndan daha büyük ve görkemli olduğu iddia edilen İbrahim Paşa Sarayı, pek çok düğün, şenlik ve kutlamanın yanı sıra, karışık dönemlere ve isyanlara da sahne olmuş; İbrahim Paşa'nın 1536'da öldürülmesinden sonra da aynı adla anılmış, başka sadrazamlarca da kullanılmış; kışla, elçilik sarayı, defterhane, mehterhane, dikimevi ve cezaevi gibi işlevler yüklenmiştir.

Dört büyük iç avlu çevresinde yer alan Saray, çoğu ahşap olan Osmanlı sivil yapılarının aksine, taştan yapılmış olması nedeniyle, yüzyılımıza tümüyle ulaşabilmiştir ve 1966–1983 yılları arasında onarılıp, Türk ve İslâm Eserleri Müzesi'nin yeni binası olarak bir anlamda yeniden doğmuştur. Bugün müze olarak kullanılan bölüm, Saray'ın tüm Osmanlı minyatürlerinde ve Batılı sanatçıların gravür ve tablolarında karşımıza çıkan büyük Merasim Salonu ve onu çevreleyen bölüm ile iki avludan oluşur.

Türk ve İslâm Eserleri Müzesi, 1984 yılında Avrupa Konseyi Yılın Müzesi Yarışması Jüri Özel Ödülü'nü, 1985 yılında da Avrupa

The museum moved from the Süleymaniye soup kitchen building to its present location in the İbrahim Pasha Palace in 1983. This palace, one of the most important examples of 16th century Ottoman architecture sits at the edge of the hippodrome of the Romans. It is not known exactly when was constructed; in 1520 Suleyman the Magnificent offered it as a gift to Ibrahim Pasha, the Grand Vizier who was to serve him for 13 years.

The İbrahim Pasha Palace is claimed to be larger and more magnificent than Topkapı Palace. It has witnessed many weddings, celebration, and ceremonies, as well as chaotic periods and uprisings. After İbrahim Pasha's murder in 1536, keeping the same name in memory, the palace was used by other grand viziers, and for various functions; such as a barrack, an embassy, a Dervish lodge, a sewing shop, and a prison.

The palace is surrounded by four large inner courtyards and, unlike most Ottoman constructions, is made of stone, which has enabled it to survive to the present day. After its restoration during the years 1966-1983, it gained its new function as the Turkish and Islamic Arts Museum. Today, the section used as a museum

Konseyi-Unesco tarafından çocuklara kültür mirasını sevdirme konusundaki çalışmalarından ötürü verilen ödülü almıştır.

Kendi konusunda dünyanın sayılı müzeleri arasında yer alan Türk ve İslâm Eserleri Müzesi, kırk bin eseri aşan koleksiyonu ile İslâm sanatının hemen her döneminden ve her türünden seçkin eserlere sahiptir.

İslam Eserleri Müzesi Halı Bölümü

Halı sanatının dünyadaki en zengin koleksiyonunu oluşturan Halı Bölümü, ayrı bir önem taşımış ve müzenin uzun yıllar bir "Halı Müzesi" olarak anılmasına neden olmuştur. Müze, yalnızca Türkiye'nin değil, dünyanın en zengin halı koleksiyonuna sahiptir. Ender Selçuklu halılarının yanı sıra, XV. yüzyıla ait seccade ve hayvan figürlü halılar, XV.-XVII. yüzyıllar arasında Anadolu'da üretilen ve Batı'da "Holbein Halısı" olarak anılan geometrik desenli ya da kûfî yazıdan esinlenen halılar bu bölümün en değerli parçalarını oluşturur. İran ve Kafkas halıları, ünlü Uşak ve saray halı örnekleriyle zenginleşen Türk ve İslâm Eserleri Müzesi Halı Koleksiyonu bugün dünyada halı sanatı üzerine ciddi bir inceleme yapmak isteyenlerin başvurmaları gereken bir kaynaktır.

displays Ottoman miniatures and engravings. Paintings of Western artists are on display in the large ceremonial hall encircled by two courtyards.

In 1984 the museum received the Special Jury's Award from the European Council's annual museum competition. In 1985 it received an award from the European Council-UNESCO for teaching children to entrance their cultural heritage.

It takes its place among the world's few museums on this subject, with more than 40,000 works in its collection, selected Islamic art works from every kind and era.

THE ISLAMIC ARTS MUSEUM'S RUG SECTION

With the world's richest collection of rugs, the rug section has a special significance. For many years the museum was known as the "Rug Museum." The museum has not only Turkish rugs, but the world's finest collection of all rugs. Among the most valuable are rare rugs from the Selçuk era, 15th century prayer rugs and animal-design rugs, 15th-17th century rugs woven in Anatolia, known as "Holbein Rugs" in the West with geometric designs or designs inspired by Kufic writing. With its Persian rugs, its Caucasian rugs,, its famous Uşak and palace rugs, the Islamic Works Museum is a primary source for anyone in the world undertaking serious research into the art of rugs.

KARİKATÜR VE MİZAH MÜZESİ (İSTANBUL BELEDİYE MÜZESİ)

İstanbul Büyükşehir Belediyesi tarafından 27 Şubat 1989'da "Karikatür ve Mizah Müzesi" adıyla açılan Müze'nin yeni mekânı Saraçhanebaşı'ndaki Bozdoğan Kemeri'nin bitişiğinde Atatürk Bulvarı'nın bulunduğu Gazanferağa Külliyesi'dir. Darüssade ağalarından Gazanfer Ağa tarafından XVI. yüzyıl sonlarında, Mimar Davut Ağa'ya yaptırıldığı bilinen Külliye bir Medrese ve Sebil'den oluşmaktadır. Külliye 1945-1988 yılları arasında İstanbul Belediye Müzesi olarak kullanılmıştır. Belediye Müzesi'nin Yıldız'a taşınmasıyla da tarihi dokusuna uygun bir şekilde onarılıp Karikatür ve Mizah Müzesi olarak düzenlenmiştir. Bugün Karikatürcüler Derneği ve İstanbul Büyükşehir Belediyesi'nin ortak uyumu ile etkinliklerini sürdürmektedir.

THE MUSEUM OF CARICATURE AND HUMOR

This museum was inaugurated on Feb. 27, 1989 in the Gazanferağa Complex in Saraçhanebaşı on Atatürk Blvd. at the end of Bozdogan Aqueduct. The complex was built in the late 16th century by Gazanfer Ağa, one of the Darüssade ağas. The architect was Davut Ağa. The complex contains a medressa and a

KOVACILAR
SOKAĞI

Çok zengin bir arşive sahip olan Karikatür ve Mizah Müzesi'nde 20.000'den fazla yerli ve yabancı orijinal karikatür bulunuyor. Her karikatüristin özel dosyalarının bulunduğu arşivde, bütün çalışmalar kişilere, ülkelere ve konularına göre sınıflandırılmış durumdadır.

Bir müze olmanın dışında, çeşitli etkinliklerin de yapıldığı bu mekânda, sergi salonlarında iki tür sergi yapmaktadır. Birincisi, Türk karikatürünün başlangıcından 1960'lara kadar olan dönemini kapsayan sürekli sergi; ikincisi ise yerli ve yabancı karikatüristlerin eserlerinin tanıtıldığı kişisel ya da karma sergilerdir. Ulusal ve uluslararası bazı karikatür yarışmaları elemelerinin ve jüri toplantılarının da yapıldığı Müze'de her ay en az bir sergi etkinliği yapılmaktadır. Ayrıca karikatür sanatı ile ilgili çeşitli paneller, söyleşiler, anma toplantıları, video gösterileri gibi etkinlikler de düzenlenmektedir.

Müze'nin en önemli bölümlerinden biri olan zengin mizah kitaplığı halka açıktır. Bu bölümde hiçbir yerde kolay kolay bulunamayacak, Türkiye'de ve dünyada yayımlanmış ya da yayımlanmakta olan kültürel yayınlar ve mizah dergileri yer alıyor.

Müze'deki özgün baskı atölyesinde, dileyen herkese bir uzman tarafından özgün baskı teknikleri öğretilmektedir. Ayrıca Müze'de karakalem teknikleri ile ilgili resim dersleri de veriliyor.

Müzeye giriş ve etkinliklerden yararlanmak ücretsizdir. Pazar ve pazartesi hariç her gün 09.00-18.00 saatleri arasında açıktır.

water distribution kiosk. It was used as the İstanbul Municipality Museum from 1945-1988. After this museum moved to Yıldız, the building was repaired and reopened as the Museum of Caricature and Humor. Today it is managed together by the Caricature Society and the İstanbul Municipality.

The museum has a rich collection in its archives, including more than 20,000 Turkish and foreign original caricatures. Each caricature has its own folder with information on its creator, its subject, and its country of origin.

In addition to its function as a museum, the building is also used for various events. Two kinds of exhibitions are displayed. First there is a permanent exhibition of Turkish caricature from its beginning up to the 1960's. Secondly, there are individual or group exhibitions to introduce the works of Turkish or foreign caricaturists.

National and international jury competitions are held in the museum, at least once a month. In addition, panel discussions, talks, memorials, and video demonstrations are presented.

One of the most important sections is the section, which contains a rich collection of humor books and magazines published in Turkey and in the world.

The work shop of the museum offers classes for printing techniques by an expert. Pen-sketching techniques and painting lessons are also given.

The museum is free of charge for entrance as well as attending the special events. It is open everyday, except Sunday and Monday, from 9am-6pm.

ASKERÎ MÜZE

Müze'nin çekirdeğini Aya İrini'den getirilen silah ve eşyalar oluşturmuştur. İstanbul'un fethinden Sultan III. Ahmet dönemine kadar her türlü silah Ayasofya'nın arkasındaki Aya İrini Kilisesi'nde korunmuş; Bu depo 1726'da Sultan III. Ahmet'in emriyle gezilebilecek bir biçimde düzenlenmiştir. Daha sonra burası 1826 yılında gerçek anlamda bir müze haline getirilmiştir. II. Dünya Savaşı'nın başlayınca, güvenlik nedeniyle Müze'deki eserler 1940 yılında Niğde'ye taşındı. Savaştan sonra bu silahlar tekrar İstanbul'a, Maçka Silahhanesi'ne getirildi.

1955 yılında Müze, bugünkü yeri olan Harbiye Kışlası'nın jimnastikhanesine nakledildi. Bu binanın restorasyonu 1959 yılında tamamlandı ve bina müze haline getirildi. Fakat yetersiz kalan bina, yeniden restore edildi ve bir bölümü 1986'da, tamamı ise 1993 yılında hizmete açıldı.

Müze'nin zengin koleksiyonunda; Osmanlı ordusunun her dönemine ait kıyafetlerden, ok ve yaydan çakmaklı tüfeklere kadar çeşitli silahlar, mühürler, zırhlar, padişah çadırı (otağ-ı hümayun), padişah kılıçları, sancaklar, harbiye nazırlarına ait fotoğraflar bulunmaktadır. Bizans Süvari Sancağı, Selçuklulardan Cumhuriyet'e kadar kullanılmış çeşitli savaş eşyaları, Bizanslıların Haliç'i kapattıkları zincir gibi çok sayıda ilginç eşya da Askerî Müze içersisinde sergilenmektedir.

Müze'nin açık olduğu günlerde saat 15.00–16.00 arasında mehter takımı konser vermektedir. Pazartesi ve salı dışında kalan günlerde müze, 09.00–17.00 saatleri arasında açıktır.

THE MILITARY MUSEUM

The assets of the Military Museum were the weapons and war equipment stored in St. Irini. From the time of the conquest of İstanbul up to the time of Sultan Ahmet III all kinds of weapons were preserved in St. Irini Church, behind St. Sophia. Ahmet II ordered that the depot be arranged for public viewing in 1726. Later, in 1826, the collection was brought to the state of a true museum. At the start of World War II in 1940 the collection was moved to Nigde for protection. After the war the weapons were brought to the Macka Armory in İstanbul. In 1955 the museum was moved to its present location in the gymnasium of the Harbiye Military Barracks. The restoration of the building was completed in 1959. However, the building proved inadequate and was renovated again. In 1986 a portion of it was opened to visitors; in 1993 the whole museum was completed.

Among the rich collection of the museum are: army uniforms from every era, various weapons, such as bow and arrows and flintlock guns, seals, suits of armor, tents of the sultans (Otağ-ı Hümayun), swords of the sultans, flags, photographs from the War Ministry, flags of the Byzantine cavalry, various war equipment used from the Selcuk era up to the time of the Republic, the chain used by the Byzantines to close off the Golden Horn. Many more fascinating items are exhibited in this military museum.

The museum is open everyday except Monday and Tuesday from 9am-5pm. The Mehter Band of the Janissaries displays a spectacular performance between 3–4 pm

DENİZ MÜZESİ

Müze, 1897'de Bahriye Nazırı Bozcaadalı Hüseyin Hüsnü Paşa'nın talimatıyla Amiral Arif Hikmet Paşa ve Yüzbaşı Süleyman Nutkî Bey tarafından Taşkızak Tersanesi'nde (eski mayın deposunun üst katı) "Deniz Müzesi ve Kütüphanesi" adıyla kuruldu. İlk objeler denizcilikle ilgili kişi ve kurumlardan hibe ya da satın alma yoluyla elde edildi. 1914'te Bahriye Nazırı Cemal Paşa zamanında Ressam Ali Sami Boyar'ın gayretleriyle genişletilip modernleştirildi. I. Dünya Savaşı sırasında (1914-1918) ve sonrasında "Bahriye Müzesi Müdürlüğü" adıyla tersane

THE NAVAL MUSEUM

The Naval Museum was established in 1897 under the order of the Naval Minister, Hüseyin Hüsnü Pasha. It was set up in the Taşkızak Shipyard (on the top floor of a former mine depot) as "The Naval Museum and Library" by Admiral Arif Pasha and Captain Süleyman Nutkî Bey. The primary objective was to collect items of naval interest from individuals or organizations by donation or sale. In 1914 at the time of the Naval Minister Cemal Pasha the museum was broadened and modernized through the efforts of the artist Ali Sami Boyar, a painter. During

içinde iki kez yeri değiştirildi. 1939'da II. Dünya Savaşı'nın başlamasıyla müzedeki eserler Konya'ya taşındı ve ziyarete kapalı tutuldu. Savaş sonrasında eserler İstanbul Kasımpaşa'daki Divanhane (bugünkü Kuzey Deniz Saha Komutanlığı) binasının bir bölümüne taşınarak depolandı.

27 Eylül 1948'de Dolmabahçe Sarayı'nın garaj ve kayıkhanesinde "Deniz Müzesi" adıyla teşhire açıldı. 1956'da Dolmabahçe Caddesi'nin genişletilmesi sırasında kayıkhane ve garaj yıkılınca buradaki eserler eski Dolmabahçe Sahil Sarayı'nın Arabacılar Dairesi'ne taşındı. Bu taşınma sırasında Deniz Kuvvetleri'ne ait arşiv belgeleri Ağalar Dairesi'nde, kayıklar ve kadırga da Devlet Malzeme Ofisi'nin Beşiktaş'taki binasında depolandı. Dört yıl boyunca Deniz Müzesi'nin bir kısım malzemeleri Dolmabahçe Camii'nde halkın ziyaretine açık bulunduruldu. Müze, 1960'ta halen bulunduğu Beşiktaş Vergi Dairesi'ne (eski Maliye Binası) taşındı ve kütüphane ile birlikte hizmete sunuldu. 1970'te Deniz Kuvvetleri Komutanı Oramiral Celal Eyicioğlu'nun gayretleriyle, müze binalarına ilaveten bir Kayıklar Galerisi yaptırılarak tarihî kayıklar ve kadırga da sergi kapsamına alındı.

Müze bünyesinde halen bir kütüphane ile tarihi deniz arşivi bulunmaktadır. Tarihî kayıklar galerisi, denizcilikle ilgili çeşitli objeleri içermesi bakımından, müzenin en ilginç bölümünü oluşturur. Dünyada bir benzeri olmayan Osmanlı saltanat kayıkları, bu galeride tamamen orijinal şekilleriyle korunup sergilenmektedir. Buradaki en değerli eser ise 1648–1687 yılları arasında tahtta kalan padişah IV. Mehmet'e ait tenezzüh kadırgasıdır. 40 metre boyunda, 5.90 metre eninde, 140 ton ağırlığında ve her küreği üç kişi tarafından çekilen (toplam 144 kürekçi) 24 çifte ve oturakla donatılmış bu orijinal kadırganın köşk kısmı da, Türk el sanatlarının zarif bir örneğidir. Müze'nin bahçesi de açık teşhir alanı olarak düzenlenmiştir. Burada Piri Reis haritasının mozaik röprodüksiyonu ile Osmanlı egemenlik sınırlarını gösteren üç duvar haritası, ayrıca ünlü Türk denizcilerinin büstleri, hava şartlarından etkilenmeyen diğer objeler ve orijinal mayınlar, torpidolar, deniz topları, denizcilikle ilgili kurumlara ait eski kitabeler sergilenmektedir. Deniz Müzesi'nde halen 3.742 eser bulunmaktadır. Kütüphane'de bazıları yazma olmak üzere yirmi bini aşkın kitap mevcuttur. Tarihi Deniz Arşivi'nde Bahriye Nezareti dönemine ait 25 milyon civarında tarihi eski yazılı belge yer alır. Beşiktaş semtinde bulunan Deniz Müzesi, Barbaros Hayretin Vapur İskelesi'nin tam yanındandır.

Müze kısmı pazartesi ve salı günleri dışında, her gün; kütüphane ve arşiv ise hafta içi her gün 09.00–17.00 saatleri arasında açıktır.

World War I (1914-1918) the Naval Ministry twice changed the place of the museum within the shipyard. When World War II began, the contents of the museum were moved to Konya and closed to visitors. When the war ended, some of the items were moved to Kasımpaşa, İstanbul Divanhane (today the North Sea Command Headquarters) and stored there.

On September 27, 1948 the Naval Museum was opened in the Garage and Boathouse of Dolmabahçe Palace. When the road in front of the palace was widened in 1956, the boathouse and garage was torn down, and the museum was moved to the vehicle apartments of the Dolmabahçe Seaside Palace. During this move, the archive documents of the Naval Forces were stored in the Suite of the Agas; the boats and galley ships were stored in the State Supply Office's Beşiktaş division. For four years a part of the material was exhibited as an open museum at the Dolmabahçe Mosque. In 1960 the museum moved to its present location in the Besiktas Tax Department and was opened to visitors, along with the library. In 1970 with the effort of the Naval Commander Admiral Celal Eyicioğlu a caique gallery was added to the building and the historical caiques and galley ships were brought for display.

Within the museum complex is a library and are the Historical Naval Archives. The most interesting section is the historical caique gallery and its various naval items. Ottoman royal caiques, unequalled in the world, are exhibited here in their original condition. The most valuable work is the excursion galley ship of Sultan Mehmet IV (1648-1687). The galley ship is 40 meters long and 5.9 meters wide. It weighs 140 tons; three people were required to pull one oar (there were 144 rowers in all). It has 24 pairs of oars and is equipped with stools. The kiosk part of the galley ship is a beautiful example of Turkish handcraft.

There is an open air museum in the garden as well. A mosaic reproduction of a map is belonging by Piri Reis, three wall maps showing the boundaries of the Ottoman Empire, busts of famous Turkish seamen, and other objects durable to open air are on display. There are also mines, torpedoes, sea cannons, and old engravings concerning naval matters.

In the Historical Naval Archives there are close to 20 thousand books in the library, some of them handwritten, and about 25 million documents, written in old script, from the Naval Ministry times.

The museum part is open every day, except Monday and Tuesday, the library and archives every weekday from 9am-5pm.

GÜZEL SANATLAR RESİM VE HEYKEL MÜZESİ

Dolmabahçe Sarayı'nın Veliaht Dairesi'nde 10 Eylül 1937'de İstanbul Güzel Sanatlar Akademisi'ne (bugünkü Mimar Sinan Üniversitesi) bağlı olarak açılan Müze, Atatürk'ün emriyle kurulmuştur.

Başlangıçta Dolmabahçe Sarayı'ndan, bakanlıklardan, çeşitli resmî kuruluşlardan alınan resimlerle, "Halil Edhem Eldem'in Elvah-ı Naşiye Koleksiyonu" adlı yapıtında ve 1936'da akademide düzenlenen "50 yıllık Türk Resim ve Heykel Sergisi"nde yer alan yapıtlarla oluşturulan müze, bugün Türk resim sanatıyla ilgili en kapsamlı koleksiyonu barındırır. Müzede heykel, seramik ve özgün baskıların da yer almasına karşılık, ağırlıklı olarak resimler bulunmaktadır. Yapıtlardan bir bölümü Ankara ve İzmir Devlet Resim ve Heykel Müzeleri ile Anadolu'nun çeşitli kentlerinde açılan devlet galerilerinde de sergilenmiştir. Süreli sergilerin açıldığı Müze'de ayrıca bir resim onarım atölyesi vardır. Müze'de yıl boyunca kısa süreli resim kursları da açılmaktadır.

Dönemlere göre sınıflandırılarak yirmi ayrı salonda sergileme yapılan Müze'de ayrıca Bonnard, Pablo Picasso, Albert, Marquet, Andre Derain, Raoul Dufy, Maurice Utrillo, Henri Matisse ve A. Dunoyer de Sagonsac gibi bazı yabancı sanatçıların resim ve özgün baskıları da bulunmaktadır.

Beşiktaş semtinden bulunan müze, pazartesi ve salı günleri dışında, her gün 09.00-17.00 saatleri arasında gezilebilir.

THE FINE ARTS MUSEUM OF PAINTING AND SCULPTURE

By the decree of Atatürk on the museum of painting and sculpture was inaugurated in the crown prince residence of Dolmabahçe palace. It was connected to the Istanbul Academy of Fine Arts, The Mimar Sinan University presently.

At first museum had only paintings which came from Dolmabahçe Palace from the Ministry, and from various collections Edhem Eldem' "Elvan-ı Naşiye Collection. The museum today contains the most comprehensive collection of Turkish Fine Arts. Although it has statues and ceramic work the emphasis is on paintings. Some of the works have been exhibited in painting and sculpture museums of Ankara and İzmir as well as galleries in various Anatolian cities. There are short term exhibitions as well as long term. These exhibitions travel to Ankara, İzmir as well as various Anatolian cities. The museum also offers painting courses throughout the year and has a permanent workshop restoration of paintings. In twenty separate exhibition rooms the paintings arranged according to time periods. The works of some foreign artists are also displayed in the museum, such as Bonnard, Picasso, Albert, Marquet, Andre Derain, Raoul Dufy, Maurice Utrillo, Matisse, and A. Dunoyer di Sagonsac are on display.

The museum is located in Besiktaş and is open daily except Monday and Tuesday from 9am-5pm.

Müzeler / Museums

Özel Müzeler (1980'den sonra)
Private Museums (after 1980)

SADBERK HANIM MÜZESİ

Büyükdere'deki Vehbi Koç Vakfı Sadberk Hanım Müzesi, iki ayrı yapı içinde yer almaktadır. Bunlardan birincisi, XIX. yüzyıl sonlarında inşa edildiği kabul edilen, üç tam bir çatı katından oluşan ve üslup olarak Avrupa halk geleneksel mimarisinden örnek alınarak yapılmış bir yapıdır. Kâgir zemin üzerine ahşap/bağdadi tarzda inşa edilen bina, "Azaryan Yalısı" olarak da bilinmektedir.

Yalı, 1950 yılında Koç Ailesi'nce satın alınmış ve müzeye dönüştürülmesine karar verilen 1978 yılına kadar, yazlık ikametgâh olarak kullanılmıştır. 1978–1980 yılları arasında, Sedat Hakkı Eldem'in hazırladığı bir yenileme projesinin uygulanmasıyla bina müzeye dönüştürülmüş ve Sadberk Koç Koleksiyonu sergilenmek üzere, 14 Ekim 1980'de ziyarete açılmıştır.

Bahçesiyle birlikte 4.280 metrekare olan Azaryan Yalısı, 400 metrekarelik bir alana oturmaktadır. Giriş katında, hediyelik eşya dükkânı ve ufak bir çay salonu bulunmaktadır. Bugün kullanılmayan ana girişin tavanı, eski Roma mimarisinden esinlenilmiş kartonpiyer kasetlerle süslüdür.

SADBERK HANIM MUSEUM

Sadberk Hanım Museum in Büyükdere owned by Vehbi Koç Foundation has two separate buildings. The first of these was built in the late 19th century. It has three complete floors and an attic; it is similar in the architectural design of a traditional European public house. Known as the "Azaryan Yali," it is a wooden building with a stone base, in Baghdad style.

The yali was bought by the Koç family in 1950 and used as a summer residence until 1978 when the decision was made to turn it into a museum.

Katlara ahşap merdivenle çıkılır ve duvarlar mermer taklidi kalem işi boyalıdır. Giriş katının üzerindeki birinci ve ikinci katların orta ana salonları ve bunlara açılan odalar sergileme mekânları olarak kullanılmaktadır. Çatı katında ise, eser depoları, çalışma odaları ve kitaplık bulunmaktadır.

Binanın dış yüzünde, pencere aralarında, "X" şeklindeki ahşap süslemeler binayı diğer yalılardan ayırır. Ayrıca bina yüzeyindeki kabaralar nedeniyle halk arasında "Vidalı Yalı" olarak da anılır.

Vehbi Koç Vakfı'nın, 1983 yılında satın alarak Sadberk Hanım Müzesi koleksiyonlarına kattığı Kocabaş eserlerinin sergilenebilmesi için, mevcut binanın hemen yanında bulunan ve XX. yüzyıl başlarında inşa edildiği sanılan, yarı yıkık durumdaki başka bir yalı, ön cephesi aslına uygun olarak, yeniden inşa edilmiştir. Restorasyon projesi İbrahim Yalçın tarafından hazırlanan Müze'nin inşaatı, iki yıl sürmüştür. 24 Ekim 1988

Architect Sedat Hakkı Eldem prepared a restoration project which was carried out between the years 1978-1980. The museum was opened on October 14, 1980, exhibiting the Sadberk Koç Collection.

Property is 4280 square meters with; the Azaryan Yali itself on 400 square meters. On the entrance floor there is a gift shop and coffee shop. The ceiling of the main entrance, which is not used today, is decorated with plaster ornamentation

yılında "Sevgi Gönül Binası" adıyla açılan bu Müze'de, İslam öncesi arkeolojik eserler sergilenmektedir. Bu Müze, çağdaş uygulaması nedeniyle, 1988'de "Europa Nostra" ödülüne layık görülmüştür. Betonarme olarak inşa edilen yapının ön cephesi ahşap kaplıdır. Yan taraf ise ahşap taklidi mermer sıvalıdır. Bu önlem yangın tehlikesine karşı alınmıştır. Önden üç, arkadan zemin dahil dört kat olan binanın giriş katında, çok amaçlı bir salon ve konservasyon laboratuarı bulunmaktadır.

Ana ve ara katlarda, kronolojik bir sıra içinde, arkeolojik eserler sergilenmektedir. Sergi alanı toplam 625 metrekaredir. Girişteki salon Afyon beyazı, merdivenler ve sergi salonlarının zemini siyah Adapazarı mermeri ile kaplıdır. Sergi salonları gün ışığına kapatılmış ve vitrinler, çağdaş bir aydınlatma ile modern bir müze hüviyeti kazanmıştır.

Müze, çarşamba hariç, her gün 09.00–17.00 saatleri arasında ziyaretçilere açıktır.

inspired by the architecture of Ancient Rome. The upper floors are reached by a wooden stairway, the walls of which are painted to resemble marble designs in traditional Islamic style. The first and second floors above the entrance floor are used as exhibition areas, with a main hall in the center and rooms to the sides. The attic area serves as a storage depot, with offices and a library.

The yali is distinguished from other yalis in its outer appearance by the X-shaped wooden decorations between the windows. The surface of the building has ornamental brass-headed studs, giving it the nickname "The Screw Yali."

Directly beside the Azaryan Yali was a run down building of early 20th century. It was bought and restored in 1983 when the Vehbi Koç foundation bought the Kocabaş collection. The restoration project, prepared by İbrahim Yalçın, took two years. It was inaugurated on October 24, 1988 as the "Sevgi Gönül Building." Pre-Islamic Archeological works are exhibited in this section. The museum received the 1988 "Europa Nostra" award for its modern application.

The building is concrete with wood overlay on the front. The sides are marble painted to resemble wood. These precautions were taken against the danger of fire. The building has three floors in the front, four in the back, including a basement. The entrance floor contains a multi-purpose room and a conservation laboratory.

On the main floor and inter-floors archeological works are displayed in chronological order. There are 625 square meters of exhibition space. The floor of the salon at the entrance is white marble of Afyon; the floor of the stairs and the exhibition rooms are black marble of Adapazarı. The exhibition rooms receive no daylight, but are illuminated with a modern lighting system, which creates the atmosphere of a truly contemporary museum.

The museum is open every day except Wednesday from 9am-5pm.

DR. BÜLENT BULGURLU BİNASI
The Dr. Bülent Bulgurlu Wing

RAHMİ M. KOÇ MÜZESİ

Eski İstanbul'un merkezinde ve Haliç Kıyısı'nda, yaklaşık yirmi bin metrekarelik bir alan üzerine kurulan Rahmi M. Koç Müzesi ülkemizin ilk ve tek sanayi müzesi olmasının yanı sıra hem eğlendirici hem de eğitici özellikleriyle yaşayan bir sosyal mekân niteliği taşımaktadır. Müze iki farklı bölümden oluşur: Lengerhane Binası ve Hasköy Tersanesi. Anıtlar Yüksek Kurulu'nca ikinci sınıf tarihî eser olarak değerlendirilen binanın XII. yüzyıldan kalma Bizans temelleri üzerinde olduğu sanılmaktadır. III. Ahmet döneminde (1703 - 1730) kurulduğu tahmin edilen ve dökümhane olarak kullanılan Lengerhane'de, gemiyi yerinde tutmak için denize atılan zincir ve ucundaki çıpa (lenger) üretiliyordu. III. Selim döneminde (1789-1807) onarım gördüğü bilinen yapı, 1951 yılına kadar Maliye Bakanlığı tarafından kullanılmıştır. Cumhuriyet döneminde ise, Tekel-Cibali Tütün Fabrikası tarafından ispirto deposu olarak faydalanılmıştır. 1984 yılında geçirdiği yangında üst örtü sistemi büyük zarar gören yapı, bu haliyle bırakılmış.

THE RAHMİ M. KOÇ MUSEUM

The Rahmi M. Koç Museum which has been established on a twenty thousand square meter area on the north shore of the Golden Horn is the first and only Industrial Museum in Turkey. It also is a center for education and pleasure. The museum consists of two principle buildings Lengerhane and Hasköy Dockyard. The first building and historical is "Lengerhane" (Anchor Building"). Below the garden level is a ramp which leads to an appendix exhibition building. The Lengerhane stands on Byzantine

foundation of 12th century, has been deemed a second class historical site by the High Council of Monuments. At the time of Ahmet III (1703-1730) the building was used as a foundry, producing chains and anchors for ships. Later was repaired during the reign of Sultan Selim III (1789-1807). After the Republic the Tekel Tobacco Factory used it for storage of ethyl alcohol. A fire in 1984 destroyed the upper façade, the building was depilated. In 1991 Rahmi M. Koç bought the building on behalf of the Museum and Culture Foundation, and had extensive restoration done for two and a half years.
The museum was inaugurated

1991'de Rahmi M. Koç Müzecilik ve Kültür Vakfı tarafından satın alınarak, iki buçuk yıl süren titiz restorasyon çalışmalarından sonra 13 Aralık 1994 tarihinde hizmete açılmıştır.

Müze'de yer alan eserlerin büyük bölümü Rahmi M. Koç'un özel koleksiyonundan derlenmiştir. Çeşitli kurum, kuruluş ve şahıslardan bağış veya süreli olarak alınan eserler de Müze'de sergilenmektedir. Müze koleksiyonunun temelini gerçek eserler ve bunların modelleri, bilimsel ve mekanik objeleri oluşturmaktadır. Müze'nin gezi planını Lengerhane binası ve Ek Bina olarak sınıflandırıldığında; giriş, yol seviyesinin altında olup, Eski Bina içerisine dar bir tünelle çıkılır. Bu tünelde restorasyon çalışmaları sırasında bulunan lenger, gülle ve top parçaları sergilenmektedir. Tünelden sonra iki yöne doğru çıkan merdivenler, girişi bir üst kata bağlar.

Dört bölümden oluşan müzenin Giriş Katı'nda havacılık ve denizcilik bölümü, çekici buhar makine ve modelleri ile gemi makineleri, madenî ve kâğıt para basım makineleri yer alırken, birinci katta buharlı makine ve gemi makine modelleri, sıcak hava ve içten yanmalı motor modelleri, buharlı lokomotif modelleri bulunur. İkinci katta ise bilimsel aletler ve iletişim aletleri sergilenmektedir.

Hasköy Tersanesi, Osmanlı Deniz Hatları Şirketi (Şirket-i Hayriyye) tarafından gemilerin bakım ve onarımını gerçekleştirmek üzere yapılmıştır. Tersane, orijinal olarak iki atölyeden oluşturulmuştur. 1938 yılında hizmete giren ve yarım yüzyıl boyunca kullanılan Kocataş ve Sarıyer feribotları bu Tersane'de imal edilmiştir. Rahmi M. Koç Vakfı tarafından 1996 yılında satın alınan Tersane, farklı bir misyon kazanmıştır. Bu binada su altı bölümü, tarım bölümü, bisiklet-motosiklet, bebek arabaları, at arabaları, dizel motorlu buhar makineleri, zeytinyağı fabrikası, gemi makineleri ile aralarında 1908 Ford, 1933 Buick, 1936 Austin, 1946 Buick gibi nadide arabaların bulunduğu bir araba koleksiyonu mevcuttur. Müzenin açık teşhir alanında ise F–104 S Starfighter savaş uçağı, dar hat lokomotifi ile bir denizaltı bulunmaktadır.

Müze, pazartesi hariç, hafta içi 10.00–17.00; hafta sonu 10.00–19.00 saatlerinde açıktır.

on December 13, 1994.

A large portion of the objects have been gathered from the private collection of Rahmi Koç. Objects from various organizations or from individuals have also either been donated or loaned to the museum. The main collection of genuine works or their models is of scientific or mechanical nature. The excursion plan of the Lengerhane building and the appendix is thus: The entrance is under the level of the road. The old building is entered through a narrow tunnel. Cannonballs, artillery shells, anchors, etc found during the tunnel's reconstruction are displayed here. Beyond the tunnel there are stairs going in two directions connecting to the upper floor.

The museum is made up of four sections. On the entrance floor is the naval and air force section, with interesting steam engines and models of ship engines, and with metal and paper printing machines. The first floor displays steam engines and ship engines, models of hot air and inner burning motors, and models of steam locomotives. On the second floor scientific and communication apparatus is exhibited.

The Hasköy dockyard was built by Ottoman Maritime Lines for maintenance of the ships. It was made of two principle sections. The ferryboats named Kocataş and Sarıyer were built in 1938 at this dockyard and they were in public use for half a century. Rahmi M. Koç. Foundation bought the dockyard in 1996 and after careful renovation inaugurated in 2001with a new entity and dimension. In this building there are several sections of interest: such as underwater exploration, agricultural section, bycyle-motorcyle, baby carriages, horse carriages, diesel steam engine, olive oil factory, ship engines and a collection of antique cars, among which are 1908 Ford, 1933 Buick, 1936 Austin, 1946 Buick cars.

A F-104 Starfighter jet, a narrow-rail locomotive and a submarine are on display outdoors.

The museum is open daily, except Monday, 10am-5pm, on weekends 10am-7pm.

SAKIP SABANCI MÜZESİ

Emirgân Korusu'nu İstanbul Boğazı'na bağlayan tepede bulunan ve günümüzde "Atlı Köşk" adıyla tanınan yapının bulunduğu mekân ve onun deniz kıyısındaki uzantısı olan Sahilhane, 1848-1884 yılları arasında sırasıyla Süleyman Refet Paşa ile eşi Fatımatüzzehra Hanım, Musevi Hoca Misak, Mustafa Reşit Paşa'nın hanımı Adile Hanımefendi, Mısırlı "Küçük" Mehmet Ali Paşa, Mustafa Naili Paşa, Maksudzade Simon Bey, Hıdiv İsmail Paşa, Mısır Hükümeti ve son olarak da Hıdiv Mehmet Tevfik Paşa'nın mülkiyetinde olmuştur. 1884 yılında Sultan II. Abdülhamit'in fermanıyla Maliye Hazinesi'nce satın alınarak Karadağ Kralı I. Nikola'ya ihsan edilen Sahilhane, Kral'ın ikametgâhı ve Karadağ Sefarethanesi olarak kullanılmıştır. 1913 yılında çıkan bir kararla geri alınan yapı, bu defa da Sultan Mehmet Reşat'ın torunu Behiye Sultan'ın mülkiyetine geçmiştir. 1925 yılında yıkılmış ve harap bir halde bulunan bu Sahilhane'yi satın alan Hıdiv İsmail Paşa'nın torunu Prens Mehmet Ali Hasan ise Mimar Eduard de Nari'ye köşkün projesini çizdirmiş ve köşkü inşa ettirmiştir. Günümüzde "Atlı Köşk" olarak anılan yapı, 1944 yılında Prens Mehmet Ali Hasan'ın ablası Prenses İffet'in kullanımına geçene kadar uzun seneler boş kalmıştır.

1951 yılında, Hacı Ömer Sabancı, çok beğendiği bu köşkü Prens Mehmet Ali Hasan'ın varislerinden satın almıştır. Mahmut Muhtar Paşa'nın Moda'daki Mermer

SAKIP SABANCI MUSEUM

This museum is located on the hill connecting the Emirgan Park to the Bosphorus. The mansion as the "kiosk with a horse" and its extended property called "Sahilhane," is the extension of the sea. Between 1848 and 1884 many prominent owners live here. Among them are Süleyman Refet Pasha and his wife Fatımatüzehra Hanım, the Jewish Hoca Misak, Mustafa Reşit Pasha and his wife Adile Hanımefendi, the Egyptian "Little" Mehmet Ali Pasha, Mustafa Naili Pasha, Maksudzade Simon Bey, Khedive İsmail Pasha, the Egyptian government, and lastly Khedive Mehmet Tevfik Pasha. In 1884 by the order of Sultan Abdülhamit II, Sahilhane was bought by the State Treasury and bestowed as a gift to the King of Montenegro, Nicholas I. It became the residence of the king and also the Embassy of Montenegrin. It was taken back in 1913, and ownership passed to Behiye Sultan, granddaughter of Sultan Mehmet Reşad. In 1925 the building was torn down. Finding it in ruins, Prince Mehmet Ali Hasan, grandson of Khedive İsmail Pasha, bought the Sahilhane. A kiosk designed by Eduard de Nari was constructed. The kiosk stayed vacant for many years, until Prince Mehmet Ali Hasan's sister, Princess İffet occupied it in 1944.

Konağı'nda yapılan müzayedede satın alınan bronz at heykelinin köşkün önüne konmasıyla bina, "Atlı Köşk" olarak anılmaya başlanmıştır. Hacı Ömer Sabancı'nın 1966 yılında vefatından sonra, köşk, Sakıp Sabancı ve Ailesi tarafından 1969–99 yılları arasında konut olarak kullanılmıştır. 1998'de Sabancı Üniversitesi'nin 49 yıl süreyle kullanımına verilen bu tarihî yapı, içindeki değerli eserler ve bahçesiyle birlikte kapılarını Haziran 2002'de Sabancı Üniversitesi Sakıp Sabancı Müzesi olarak ziyarete açmıştır.

Tarihî Atlı Köşk ve en ileri teknolojiyle donatılarak eklenen yeni galeriyle tamamlanan bu yapı, uluslararası düzeyde bir müze standardına kavuşturulmuş ve 3.500 metrekarelik alan ile her türde sergilemeye uygun hale getirilmiştir. Bugün Sabancı Müzesi'ndeki son derece değerli yazma eserler, XIX. ve XX. yüzyıla ait zengin tablo koleksiyonu bu geniş sergi alanında sergilenmektedir. Müze aynı zamanda yurt içi ve dışından gelen sergilere de ev sahipliği yapmaktadır. Müze'de 2005–2006 yıllarında kapsamlı bir "Picasso" ve ardından "Rodin" sergisi açılmıştır.

Müze, Sabancı Üniversitesi'nin bünyesinde yer almaktadır ve bu kimliğiyle bir eğitim kurumu özelliği taşımaktadır. Bu çerçevede Müze'de çeşitli düzeyde eğitim programları düzenlenmektedir. Ayrıca Müze, özürlüler için de elverişli gezi olanaklarına sahiptir. Atlı Köşk'ün giriş katındaki üç oda Sabancı Ailesi'nin köşkte yaşadığı dönemde kullandığı mobilyalarla XVIII. ve XIX. yüzyıl sanat eserleri ile döşenmiş halde, olduğu gibi korunmaktadır. Sabancı Koleksiyonu'nda yer alan küçük heykel, madeni eser, porselen, obje ve mobilyalardan oluşan dekoratif sanat eserleri koleksiyonu, 1940 yılında Hacı Ömer Sabancı tarafından oluşturulmaya başlanmış, 1970 yılından beri de Sakıp Sabancı'nın büyük sevgi ve ilgisiyle zenginleşmiştir. Koleksiyonda, aralarında vazoların da yer aldığı XVIII. ve XIX. yüzyıl Çin Famille Noire, Famille Verte porselenleri, polikrom vazolar, dekoratif tabaklar bulunmaktadır. Bunların yanı sıra, çok sayıda Sévres vazosunu da içeren XIX. yüzyıl Fransız porselenleri ile Berlin ve Viyana atölyelerinde üretilmiş Alman porselenleri, koleksiyonun değerli parçaları arasında yer almaktadır.

Müze, pazartesi hariç, 10.00–18.00; cumartesi ve pazar günleri ise 11.00-18.00 saatleri arasında ziyarete açıktır.

In 1951 Hacı Ömer Sabancı bought this property from the heirs of Prince Mehmet Ali Hasan. Later he bought a large bronze horse statue from an auction at Muhtar Pasha's "Marble Mansion" in Moda and had it mounted in front of the kiosk. Thus giving it the name of "Mansion with a Horse." After Hacı Ömer Sabancı's death in 1966, the kiosk was used as a residence by Sakıp Sabancı and his family from 1969-1999. In 1998 the building with the valuable items inside, and the garden were leased to the Sabancı University for 49 years. And in June 2002 the Sakıp Sabancı Museum was inaugurated.

The Museum was equipped with the most advance technology, new galleries were added, and it reached international standards. With a space of 3500 square meters, it is suitable for any kind of exhibition. Today the Sabancı Museum exhibits rare calligraphy works of art and has a rich collection of 19 th and 20th century paintings of Turkish artists. At the same time it hosts national and international special exhibitions. In 2005-2006 an exhibition of works of Picasso followed by sculptures of Rodin were on display.

The museum is under the jurisdiction of the university and, thus, has a unique function as an educational institution. Various educational programs are carried out. In addition, the museum has been set up to be suitable for tours by the handicapped.

On the entrance floor there are three rooms of furnishing used by the Sabanci family, as well as 18th and 19th century works of art collected by the family and preserved in their original location. The Sabancı collection includes small statues, metal work, porcelain, and decorative art pieces. The collection which was acquired in 1940 by Hacı Ömer Sabancı was enriched by Sakıp Sabancı from 1970 on. Among the collection are Chinese porcelain pieces, including vases and plates from the "Famille Noire" and the "Famille Verte," There are also French porcelain pieces, including Sevres vases, and German porcelain from the workshops of Berlin and Vienna.

The museum is open Tuesday-Friday10am-6pm, Saturday and Sunday 11am-6pm.

İSTANBUL MODERN SANAT MÜZESİ

İstanbul Modern ile, ülkemiz yıllardır özlemi çekilen uluslararası alanda bir müzeye kavuşurken, İstanbul yeni bir simge kazanıyor, ulusal kültür yaşamında bir dönüm noktası oluşuyor. İstanbul Modern, ülkemizin modern ve çağdaş sanat alanındaki birikimini ortaya koymayı, korumayı ve değerlendirmeyi amaçlıyor. Sanat gündemini belirleyen, eğiten, sevdiren, dinamik ve çok sesli ortamıyla bu Müze, toplumun geniş bir kesimine ulaşmayı hedefliyor. Sanatsal üretimi, yaratıcılığı, sanat ve toplum eğitimini geliştirerek uluslararası kültürler arasında köprü işlevi üstlenmeyi ve bir "eğitim ve kültür merkezi" olarak müze yönetimine yeni bir anlayış getirmeyi planlıyor.

İstanbul Modern, Boğaziçi'nin güneyinde, tarihî yarımadanın ve Topkapı Sarayı'nın karşısında yer alıyor. Boğaziçi'nin en eski

MODERN ART MUSEUM OF İSTANBUL

This Museum is acknowledged among its peers in the world with its contribution to the cultural atmosphere of the city. The goal of the museum is to present, protect, and evaluate the country's modern and contemporary art. Its goal is to reach a wide segment of the population through an art agenda that includes education and appreciation in a dynamic, multi-voiced atmosphere. The management museum plans to increase artistic production and creativity, broaden society's knowledge of art, and become a cultural bridge between

yerleşimlerinden Sycae'nin, bugünkü Galata rıhtımındaki T.C. Denizcilik İşletmeleri'nin 4 No'lu antreposu Bülent ve Oya Eczacıbaşı'nın katkılarıyla yenilenerek 2003 yılında tüm işlevleriyle gerçek bir modern müzeye dönüştürüldü. Çağdaş müzecilik anlayışıyla hizmet verecek olan İstanbul Modern'de kalıcı koleksiyon sergi galerisi, süreli sergi galerisi, fotoğraf galerisi, heykel bahçesi, yeni medya alanı, eğitim salonu, kütüphane, sinema salonu, kafe ve müze mağazaları yer alıyor.

Müzenin birinci katında, sürekli koleksiyon sergisi ve kalıcı koleksiyon sergileri yer alıyor. Ülkemizdeki kurumsal koleksiyonlardan da katkılar sağlanarak, XX. yüzyılın başından günümüze Türk modern ve çağdaş sanatının ana eğilimleri ve önemli yapıtları, tematik bir düzenle ve belirli aralıklarla yenilenerek izleyiciye sunuluyor.

Fotoğraf bölümü; ocak, mayıs ve eylül aylarında açılmak üzere, yılda üç sergi hazırlamayı ve Türk fotoğrafını temsil eden sergileri yurt dışına taşımayı da planlıyor. Tümü bağışlarla oluşturulan ilk koleksiyonun yanı sıra, arşiv çalışmalarına da bugünden başlanmıştır.

İstanbul Modern Sanat Kütüphanesi, adına uygun bir

nations. It will become an educational and cultural center.

The museum is located on the historical peninsula of the southern part of the Bosphorus, across the Topkapı Palace. It is on the docks of the oldest settlement area of the Bosphorus, formerly Sycae, now Galata, in the Turkish Maritime Lines #4 warehouse. Through the efforts of Bulent and Oya Eczacıbaşı, it was turned into a modern museum with all the functions that the contemporary meaning of the word "museum" implies. The Modern Art Museum has a permanent collection, a temporary display gallery, a photography gallery, a sculpture garden, media area, a library, a movie salon, a café, and a museum gift shop.

The photography section plans to open three exhibitions a year--in January, May, and September--some works of the Turkish photography will be exhibited abroad through the efforts and connections of the curator. All of the first collection has been obtained through donations, an archive department has been created as well.

The Modern Art Library was envisioned to be a center worthy of its name. The first

başvuru merkezi olarak tasarlandı. Öncelikli hedefi, araştırma ve eğitim amacıyla yararlanacak olanları tatmin edecek bir birikim yaratmaktır.

Kütüphane'nin çekirdeğini, modern Türk sanatını konu alan kaynaklar oluşturacak; paralel olarak, modern dünya sanatının ana sorunlarını, akım ve eğilimlerini, belli başlı figürlerini kuşatan yapıtlara da yer verilecektir. Ayrıca, sanat eğitimi ve müzecilik ile ilgili yayınlara ağırlık tanınması öngörülmüştür.

İstanbul Modern Sanat Kütüphanesi için belirlenen kategoriler, birkaç temel başlık altında sıralanmıştır. Sanat ansiklopedileri, sözlük ve başvuru kitapları, sanatçı ve sanat akımı monografileri, müze ve sergi katalogları; sanat tarihi, kuramları, felsefesi, eğitimi ve estetik kitapları; sanat dergileri ve koleksiyonları; görsel ve işitsel arşiv, Müze'nin farklı bölümleri olarak ayrılmıştır.

Pazartesi günleri kapalı olan müze, salı ile pazar günleri arasında saat 10.00-18.00 ve her perşembe 10.00-20.00 (12.00-16.00 arası ücretsiz) saatleri arasında açıktır.

goal is to create a satisfactory accumulation for research and educational purposes. The seeds of the library will focus on the sources of the themes of modern Turkish art. At the same time eminent figures surrounding the art work, main issues, and current trends and tendencies in the world of art will be offered to display their work. A third area envisioned is to display publications on art appreciation and museum management. The İstanbul Modern Art Library is organized into several main categories:

- ***Art encyclopedias***
- ***Dictionaries***
- ***Monographs of art and artistic trends***
- ***Catalogues of museums and exhibitions***
- ***Art history***
- ***Books on education and esthetics***
- ***Visual and audio archives***
- ***Art theory***

The museum is closed on Mondays. It is open Tuesday-Sunday 10am-6pm. And Thursdays until 8pm. Between noon and 4pm is free of charge on Thursdays.

DOĞANÇAY
MÜZESİ
MUSEUM
DOĞANÇAY
MÜZESİ
MUSEUM
DOĞANÇAY
MÜZESİ MUSEUM

DOĞANÇAY MÜZESİ

Türkiye'nin ilk kişisel modern sanat müzesi olan Doğançay Müzesi, Ekim 2004 tarihi itibariyle ziyaretçilere açılmıştır. Müze, İstanbul'un kültür ve sanat merkezi olan Beyoğlu`ndaki 150 yıllık 5 katlı bir tarihî bina içinde yer alır. 1999'da Burhan Doğançay tarafından satın alındığında harap halde olan bina, dört yıl süren yenileme çalışmalarından sonra eski görkemine kavuşmuştur. İç mekânı müze standartlarına uygun şekilde dizayn edilen Müze'de, sanatçının babası Adil Doğançay'a ayrılmış katın dışında, Müze'nin kurucusu Burhan Doğançay'a ait eserler sergilenmektedir.

1900 yılında doğan Adil Doğançay, Türk ordusunda harita subayı olmasının yanı sıra, iyi bir ressamdı. Genellikle izlenimci tarzda çalıştığı eserleri, hayatının çoğu zamanını doğada geçirmesi sebebiyle, kır ve deniz manzaralarıdır. Müzede sergilenen eserlerinin çoğu 1940 ile öldüğü yıl olan 1990 yılları arasında yapılmıştır.

Burhan Doğançay; sanat eğitimini ilk olarak babasından ve tanınmış ressam Arif Kaptan'dan almıştır. İyi çizimin önemini küçük yaşlarda kavramıştır. 1950'li yılların başlarında öğrenci olarak Paris'e giden Doğançay, bu yıllarının önemli bir bölümünü Paris Académie de la Grande Chaumière'de sanat okuyarak geçirdi. Bir yandan da Paris Üniversitesi'nde, daha sonra doktora diploması aldığı hukuk ve ekonomi okuyordu. Bu dönemde düzenli olarak resim yaptı ve birkaç karma sergiye katıldı. Türkiye'ye dönüşünden kısa süre sonra Ankara Sanat Sevenler Kulübü'nde babasıyla "baba-oğul" sergileri açtı. Doğançay, 1962'de devlet görevi nedeniyle New York'a gitti. Kısa süren memuriyet hizmetinden sonra 1964'te kendisini tamamen sanata adamaya ve New York'ta kalmaya karar verdi. Bundan 40 yıl kadar sonra doğduğu kent İstanbul'a dönmesi ve kendi müzesini açması hayatında yeni bir dönemin başlangıcı oldu. Newyork'ta yaşadığı yıllarda ilk olarak Newyork Metropolitan Müzesi'nde bir eseri sergilenen Burhan Doğançay, sanat yaşamının ilerleyen yıllarında Rusya'dan Japonya'ya dünyanın dört bir yanındaki müzelerde eserlerini sergileme fırsatı yakaladı.

Müze'de Burhan ve Adil Doğançay'ın 150'ye yakın eseri sergilenmektedir. Burhan Doğançay'ın erken figüratif yapıtlarından, duvar esinli yapıtlarına kadar, yapmış olduğu çalışmalar da sergide yer almaktadır.

DOĞANÇAY MUSEUM

Turkey's first private modern art museum, Doğançay Museum, opened in October 2004. It is located in Beyoğlu, İstanbul's cultural center, in a 150-year-old historical building with five floors. The building was in ruins when it was bought by Burhan Doğançay in 1999. After four years of restoration, it regained its original appearance. The inside area is arranged according to museum standards. Adil Doğançay, the museum collection is made up of works of the founder, Burhan Doğançay except for one floor, which is reserved for works of his father

Adil Doğançay was born in 1900. He was a painter and worked as map officer in the Turkish army. Spending most of his life in nature, his paintings are generally impressionalistic landscapes and seascapes. Most of his works displayed in the museum were painted between 1940 and 1990, the year of his death.

Burhan Dogancay took his first art lessons from his father and from the well-known artist Arif Kaptan. From early age he was talented in drawing. In early 1950's he went to Paris as a student, studying at the "Paris Academie de la Grande Chaumiere". Later he studied law and economy and received a doctorate degree from Paris University. Meanwhile he continued to paint and his work was exhibited at several joint art shows.

When he returned to Turkey, he and his father had a joint exhibition at the Ankara Art Lovers Club. In 1962 he moved to New York City. After a short term of government service, he decided to devote himself entirely to art and to remain in New York City. He returned to the city of his birth after forty years and opened his own museum, to begin a new phase of life. While he was in New York, his work was exhibited in the Metropolitan Museum and later all over the world, from Russia to Japan.

The museum contains close to 150 works of Adil and Burhan Doğançay.

Doğançay's comprehensive works, from early figurative painting to inspirational wall paintings are on display.

PERA MÜZESİ

2005 Haziran ayı başlarında kapılarını İstanbullulara açan Pera Müzesi, Suna ve İnan Kıraç Vakfı'nın, kentin bu seçkin noktasında, çeşitli düzeylerde kültür hizmeti vermek amacıyla hayata geçirmeye başladığı geniş kapsamlı bir kültür girişiminin ilk adımıdır. Bu projede bir "müze-kültür merkezi" işlevini üstlenecek Pera Müzesi, 1893 yılında Mimar Achille Manoussos tarafından İstanbul'un gözde semti Tepebaşı'nda inşa edilmiştir. Yakın zamanlara kadar "Bristol Oteli" adıyla tanınan tarihî yapı, Mimar Sinan Genim tarafından tümüyle elden geçirilerek, çağdaş donanımlı bir müzeye dönüştürülmüş ve İstanbul halkının hizmetine sunulmuştur.

THE PERA MUSEUM

The inauguration of the Pera Museum in early June of 2005 was the Suna and İnan Kıraç Foundation's first step toward making this choice spot of the city a wide-scoped cultural arena on various fields. The building that now functions as a museum and cultural center was constructed in 1893 by the architect Achille Manoussos in Istanbul's favorite district, Tepebaşı (Pera). Known as the "Bristol Hotel" until recently, the historical building was bought by the foundation and underwent a complete restoration by architect Sinan Genim. After been equipped with modern museum technology, was opened to public.

Pera Müzesi'nin başlıca bölümleri: Suna ve İnan Kıraç Vakfı'nın üç özel koleksiyonunun sergilendiği 1. ve 2. müze katları (2. kat: Sevgi ve Erdoğan Gönül Galerisi); çok amaçlı sergi salonları (3. 4. 5. katlar), fuaye (bodrum kat) ve giriş katında yer alan resepsiyon ve Pera Café gibi mekânlardır.

Müze katlarından ilkinin büyük bölümünü kaplayan Anadolu ağırlık ve ölçüleri koleksiyonu, eski çağlardan günümüze Anadolu'da kullanılagelmiş ağırlık ve ölçü birimlerinin, çeşitli malzeme ve tekniklerde üretilmiş tartı ve ölçü aygıtlarının seçkin örneklerini, tarih ve arkeoloji tutkunlarına sunmaktadır. Aynı katın başka bir kanadında sergilenen Kütahya çini ve seramikleri koleksiyonu, bu türün çarpıcı güzellikteki parçalarıyla kültür tarihimizin çok iyi tanınmayan bir yaratı alanına yeni ışıklar tutmayı amaçlamaktadır.

Suna ve İnan Kıraç Vakfı'nın üç yüzü aşkın tablodan oluşan "Oryantalist Resim Koleksiyonu"ysa XVII. yüzyıldan XIX. yüzyıl başlarına uzanan bir dönemde Osmanlı dünyasından esinlenmiş Avrupalı oryantalist ressamların önemli yapıtlarını bir araya getiren zengin bir koleksiyondur. İmparatorluğun son iki yüzyılından çok geniş bir görsel panorama sunan bu koleksiyonda, sanat tarihçilerinin tek yerli oryantalist saydığı Osman Hamdi Bey'in yapıtları ve ünlü "Kaplumbağa Terbiyecisi" tablosu da yer almaktadır.

Aile koleksiyonlarını sergilemeye yönelik bu özel müze işlevinin yanı sıra Pera Müzesi'nin gerek çok amaçlı sergi salonları gerekse fuaye ve konaklama mekânlarıyla kentin bu çok canlı bölgesinde çağdaş bir kültür merkezi işlevi kazanması ve değişik içerikli sergilerle olduğu kadar, sözlü ya da görsel etkinliklerle de İstanbullulara geniş bir kültür hizmeti vermesi öngörülmektedir.

Among three principle sections of the museum are as follows; the first floor has the private collections of Suna and İnan Kıraç Foundation. On the second floor known as Sevgi and Erdoğan Gönül Gallery has a unique collection of portraits of Ottoman Sultans made by European Orientalist. On the third, fourth, and fifth floors are the multi-purpose display rooms; and a museum shop, and the Pera Café on the main floor. A large section of the museum's first floor is devoted to the Anatolian weights and measurements

collection. From ancient times to modern times, the weights and measuring tools used in Anatolia, are on exhibition for those who are interested in archeology. Thus, the collection sheds light upon this unknown part of the cultural heritage.

There are more than 300 works of orientalist painters 17th through 19th centuries that are donated by Suna and İnan Kıraç to the foundation. It is a rich collection of important works by European "orientalist" artists who were inspired by the Ottoman Court. The collection offers a wide visual panorama of the last 200 years of the Empire. It contains works of the only "local orientalist" Osman Hamdi Bey and his famous painting "The Turtle Trainer".

Along with its function as a private museum with family collections, the Pera Museum, with its multi-purpose display rooms, its fair, and its entertainment areas, also functions as a modern cultural center in this bustling district. The audio and visual events and the varied content of its display rooms offer a cultural service to public.

kaynakça / bibliography

The Treasures of İstanbul
İLHAN AKŞİT

İstanbul
UĞUR AYYILDIZ

İstanbul'daki Yabancı Saraylar
Foreign Palaces in İstanbul
TUNA KÖPRÜLÜ

Byzantine Monuments of İstanbul
JOHN FREELY

İstanbul'un Bizans Anıtları
JOHN FREELY
çevirmen : AHMET N. ÇAKMAK

Monuments of Unaging Intellect
ROBERT OUSTERHOT -
NEZİH BAŞGELEN

İstanbul'dan Sayfalar
PROF. İLBER ORTAYLI

100 İstanbul
JACK DELEON

KÜLTÜR A.Ş.